ワーケーション企画入門

選ばれる地域になるための受け入れノウハウ

松下慶太

学芸出版社

はじめに

この本を手に取っていただいたみなさんの関心は、ワーケーションをどのように企画や事業として展開していくのか、にあると思います。それにあたって一番のポイントを、さっそく指摘しましょう。

ワーケーションはご存知の通り「ワーク」と「バケーション」をつなげたものです。ポイントは両者を単に「足す」のではなく、それぞれが良い影響を与えるように「重ねる」ことができるかにあります。それでは、ワーケーションを一時的な対策としてではなく「骨太」な企画・事業にしていくために、どのように両者を「重ねる」ことができるのでしょうか。

みなさんは立体視をしたことがあるでしょうか？　そもそも、なぜ私たちはモノを立体的に見ることができるのでしょうか？　私たちの右目と左目はそれぞれ別の角度から見ています。そこで見た映像を脳内でまとめることで初めて立体に見えるのです。

ワーケーションの企画・事業は、立体視のようなものだと思います。ワークすなわち仕事の領域だけ、あるいはバケーションすなわち観光だけを見ていても立体的には見えません。また地域だけ、都市部だけを見ていても同様です。

さまざまなワーケーションの企画、事業の中には、残念ながら片方の視点だけで立案されたものが少なくありません。もちろん、それぞれの視点ではしっかりとした内容なのですが、「重ねる」ではなく「足す」発想から立案すると、どうしても「オン」と「オフ」、「プライベート」と「パブリック」、「都市」と「地域」、「行く」と「迎える」といった二項対立で、両者のバランスをどう取るかという話になってしまいます。

本書はワーケーションのWhy, What, Howから構成されています。

パート1は「Why」を考えます。なぜ地域、企業、ワーカーがワーケーションに取り組むのかを社会変容から考えていきます。特に日本型ワーケーションとも言える「ワーケーション2.0」へとアップデートすることの重要性を述べています。パート2は「What」を見ていきます。ここではなるべく具体的に、地域や企業、ワーカーがどのような目的で、どのように連携しながらワーケーションをしているのか、ポイントが掴めるようにしています。パート3は「How」にあたります。先行事例も参照しつつ、自分たちが独自性のあるワーケーションをどのように企画・事業化していくのか、を解説しています。

筆者が聞いたり、経験したりして面白いと思った事例をなるべく多く詰め込みました。ワーケーションは「人」が大きなポイントですが、本書も同様です。調査に協力いただいた地域、企業、ワーカーのみなさまには本当に感謝いたします。紙幅の関係上、残念ながら取り上げることができなかった魅力的な地域、企業、ワーカーも多くあります。本書を手にとっていただいた方々には自らのワーケーションでそれを見つけることも「楽しみ」としていただければ幸いです。

2022年3月吉日

松下慶太

目次

*本書に掲載している情報はすべて原稿執筆時点のものです。最新の状況は各関係機関・サービス提供者にご確認ください。

Part I なぜワーケーションなのか？

第1章

コロナ禍が何を変えたのか？

1.テレワークの加速と働く場所の自由の到来

コロナ禍とテレワーク

コロナ禍をきっかけに定着したとも言えるテレワークのメリットやデメリットを含めた影響については､すでにさまざまな調査が行われています。後藤・濱野（2020）はコロナ禍におけるテレワークの実態についての調査結果約70件を分析し、次の4点にまとめています。[注1]

(1) コロナ禍以前はテレワーク導入企業の割合が約20%で、実際に在宅勤務していた人の割合は約10%だったのに対し、2020年のコロナ拡大期には首都圏で実施率が20%に、4月の緊急事態宣言下では約60%に増加

(2) テレワークのほうが、生産性が下がると回答する人のほうが多かった

(3) テレワークの最大のメリットは「通勤時間の削減に伴う自由な時間の増加」で、デメリットは「上司・同僚や顧客とのコミュニケーションの取りにくさ」だった

(4) テレワーク経験者はコロナ禍の収束後もテレワークを継続したいと思っている人が多いが、オフィスと併用するハイブリッド・ワークが望ましいと思っている

このほかにも、心理面を含めた健康への影響、生産性やマネジメント、評価への影響なども取り沙汰されています。もちろんこれらはテレワーク自体の課題でもありますが、コロナ禍でのテレワークは、WFH（Work from Home）と呼ばれるように移動や外出が制限された状態の働き方です。感染拡大防止のために移動や活動が制限されている点は差し引いて、長期

的な効果・成果を見定めたり、修正したりすることも求められるでしょう。

テレワークの格差

コロナ禍は確かにテレワークを加速させました。しかしそれは、首都圏を中心とした大企業の正規雇用の社員に、という限定がつきそうです。テレワークが社会全体に広がったというよりも、業務のほとんどをテレワークで行うことが可能な企業・社員と、そうでない企業・社員との差が広がったとも言えます。例えばパーソル総合研究所の調査によると、2020年3月時点ではテレワーク実施者は13.2％でしたが、緊急事態宣言が出された同4月には27.9％にまで増えました。その後、緊急事態宣言が解除された同5月末〜6月では25.7％、感染の第三波に見舞われた同11月半ばでは24.7％となっています[注2]。

ただし、これらの数字は正社員のものです。例えば2020年11月の調査で24.7％に対して非正規雇用のテレワーク実施率は15.8％でした。また企業規模でも差があります。従業員数10,000人以上の企業ではテレワーク実施率が45％ですが、規模が小さくなるにつれて徐々に減少し、100人未満では13.1％です。中小企業よりも大企業で、また地方部よりも大企業が集中している首都圏を含めた都市部で、テレワークが広がっている傾向にあるようです。

オフィスの縮小や移転と「WFX」

コロナ禍によってオフィスに通勤して働くという働き方も問われるようになりました。これまで都心部に大きなオフィスビルを構えていた企業がオフィスを縮小したり、移転したりする事例も増えつつあります。

例えば富士通株式会社は、2020年7月におおよそ8万人いる社員を原則テレワークにし、オフィススペースを縮小し、転勤も減らす方針を打ち出しました。また芸能事務所の株式会社アミューズは、山梨県富士山麓にアミューズヴィレッジという拠点をつくり、2021年7月からそこを本社とすることを発表しました。

在宅勤務やWFHという言葉は、オフィスと家の二者択一が想定されています。しかしテレワークの本質はオフィス以外の場所から「も」働けるということです。近年では「いつでも・どこでも働くことができる」という意味で、「WFA（Work from Anywhere)」という言葉も使われます。ただこの言葉は踏み込んで言えば、どこでも仕事が追いかけてくるというネガティブな意味にもなります。そこで筆者は、さまざまな場所で働くという意味で「WFX（Work from X)」という言葉を使いたいと思っています。

2020年に日本総研が行った全国の中高大学生への意識調査によると、就職したい企業や団体の条件として「給料が高い」が1位でしたが、それに続くのは「働く時間や場所を柔軟に選べる（例：テレワーク)」「働く日数が柔軟に選べる（例：週休3日制)」です[注3]。時間や場所の柔軟性は、若者たちが働く企業を選ぶ際に重要なファクターになっています。

どこでもオフィスと同じように働くのが「WFA」であるのに対して、「WFX」は自分が最適だと思う場所を組み合わせて働くことで、より健康になったり、高い価値を生み出せたりする働き方を意図しています。実際、HUMAN FIRST研究所による調査（2020）によると、パフォーマンスが高い人ほど、仕事で利用する場所の種類や移動が多いことが示されています[注4]。

本書のテーマであるワーケーションにおいても、地域や観光地でオフィスと同じように働けるというだけではなく、そこでしかできない働き方や、そこでの経験によって高い価値が生み出せる、というものにしていくことが最大のポイントになります。

2. ニューノーマルな観光のあり方

コロナ禍による観光への打撃

2020年からのコロナ禍は観光に大きな影響を与えました。報道で目にする機会も多いかと思いますが、観光業の落ち込みについて、改めていくつかのデータを確認しておきましょう。

2020年度版の「観光白書」によると、2020年2月の前年同月比は58.3%減、同4月に至っては99.9%減になりました。同9月から少しだけ回復基調を見せましたが、感染の第二波、第三波が訪れたことで再び低調となり、2021年4月の時点ではまだほとんど回復していません。

それに伴い観光産業も苦境に立たされています。観光庁が発表している「主要旅行業者の旅行取扱状況速報」の2021年8月分を見ると、旅行商品ブランド（募集型企画旅行）の取扱額は海外旅行が約260万円、外国人旅行（インバウンド向け旅行）が40万円と、全くないと言ってよい状況です。国内旅行は約180億円となっていますが、2020年1月の約1,700億円、同2月の約630億円と比較すると大幅に減少しています。

コロナ以前のインバウンドの盛り上がり

コロナ禍以前は、東京オリンピックを控えて海外からの観光客の急増に湧き、「インバウンド・ブーム」とも呼べる状況でした。

2015年には訪日外国人旅行者数はおおよそ2,000万人に達し、それを受け2016年には2020年の訪日外国人旅行者数4,000万人、2030年には

6,000万人が目標に掲げられていました。コロナ禍前の2019年には3,200万人に達し、東京や京都、北海道など有名な観光地では、キャパシティ以上に観光客が押し寄せ、混雑やマナー違反、環境負荷などが生じる「オーバーツーリズム」が課題として指摘されるほどでした。[注5]

オーバーツーリズムに対して、観光庁は2018年に「持続可能な観光推進本部」を設置し、全国の状況を調査・分析しています。また2020年には「日本版持続可能な観光ガイドライン（JSTS-D）」を開発・発行するなど環境整備を進めています。[注6]

有名観光地以外の地域にも興味・関心が集まるようになりました。例えば能登半島から愛知県にかけて南北に周遊するルートは「ドラゴンルート（昇竜道）」と名付けられ、2回目以降の訪日で有名観光地以外のよりディープなエリアにも行きたいリピーターに人気があります。ドラゴンルートの中間点にある飛騨高山で知られる高山市では、外国人観光客の宿泊者数が2017年に50万人を突破しました。高山市の人口が約10万人弱なので、その5倍もの外国人観光客が宿泊した計算になります。日帰りや日本人観光客も含めると、約460万人に上ると推計されています。[注7]

観光客の多さは重要な数値目標の1つですが、オーバーツーリズムを招かないようにするためには、観光客と住民の分断を生むような地域の「消費」とならないよう、量から質への転換がポイントになりそうです。

コロナ禍における観光のあり方

コロナ禍の中で感染拡大を防ぎつつ、同時に落ち込む観光業をどうにか維持しようと、さまざまな対応が取られました。

例えば株式会社星野リゾートは、コロナ禍で長距離移動が自粛・制限されている状況に対する対応策の1つとして「マイクロツーリズム」を提唱しています。マイクロツーリズムとは、自宅から1～2時間で行ける範囲の地域内旅行を指し、地元の魅力の再発見や地域の方々とのつながりの構築などがポイントとして挙げられています。

また、落ち込む観光業界への政府からの支援として「Go To トラベル・キャンペーン」が2020年7月からスタートしました。これは旅行代金の割引を支援するのと同時に、旅行業者・宿泊業者に感染予防の徹底を促すものです。

それに先立ち、当時の菅義偉（すがよしひで）官房長官が、キャンペーンの活用とともに、新しい観光や働き方のあり方としてワーケーションの普及に取り組む考えを示しました。この「ワーケーション発言」は、それまで聞き慣れていなかったワーケーションという言葉を巡って、メディアでさまざまな議論を巻き起こしました。

後の章で詳しく見ていきますが、観光庁だけではなく、関係人口や地方創生という観点からは総務省が、国立・国定公園や温泉地での滞在という観点からは環境省などが、新しい観光のあり方の1つとしてワーケーションを支援・推進していく流れが徐々に生まれてきました。

観光庁は2021年6月、休暇取得の分散化や滞在型の旅を提唱する「新たな旅のスタイル」促進事業を発表しました。地域におけるワーケーションをはじめ、出張と休暇を組み合わせるブレジャー、サテライトオフィス需要に対応した環境整備を進めるほか、送り手となる民間企業や旅行会社の支援について、約5億円の予算を計上しています。また企業と地域への啓発を目的としたパンフレットやセミナーなど情報発信も展開しています。

このように、ワーケーションを軸にしたニューノーマルな観光のあり方として、感染予防だけではなく、地域との関わり方や働くこととの兼ね合いも探られています。

3. 人生 100 年時代のキャリアと地域

人生 100 年時代の到来

ここまで「ワーク＝働く」と「バケーション＝観光」について見てきました。筆者は両者に加えてワーケーションに欠かせないものとして「学ぶ」という視点もあると考えています。

日本は少子高齢化社会です。かつては 60 歳が定年で、それ以降は悠々自適、というイメージでしたが、近年では 60 歳以降も働く人も増えています。

WHO（世界保健機関）は、どれくらい長生きできるか（平均寿命）だけではなく、どれくらい健康に日常生活を送ることができるかという「健康寿命（Healthy life expectancy）」の調査を 2000 年から行うなど、注目しています。2021 年に厚生労働省が示したデータによると、2019 年時点で、平均寿命は男性が 81.41 歳、女性が 87.45 歳です。一方で、健康寿命は男性が 72.68 歳、女性が 75.38 歳となっており、どちらも年々、伸びている状況です。[注8]

こうした中で出てきたのが「人生 100 年時代」という言葉です。2017 年に「人生 100 年時代構想会議」が設置され、そこで議論されたことが 2018 年に「人づくり改革　基本構想」としてまとめられました。報告書では高齢者雇用の促進として、65 歳以上の継続雇用年齢引き上げや、働き続けるためにはそれに必要な知識や技術をアップデートしていくリカレント（学び直し）教育の拡充などが指摘されています。

また労働人口の 47％が AI やロボットなど機械に置き換えられるという試算もあります。[注9] もちろんそれは 47％の人が失業するということではありません。AIやロボットが担う領域が広がる中でそれを活かしたり、支えたりするための新たな職業や雇用への転換が生じます。リカレント教育はこうした変化の中で個人のキャリアをどのように形成していくか、企業にとっては、労働力創出という観点でも重要になってきます。

地域は社会的創意工夫の拠点

L. グラットンは『The New Long Life』（2020）で、人生100年時代を迎えた現代において、「社会的創意工夫（Social Ingenuity）」が重要だと指摘します。社会的創意工夫の3つの柱として自分の人生を物語として捉える「語り（Narrate）」、自分が活動するステージを見つける「探究（Explore）」、家族や仲間、コミュニティとの関係性をつくる「つながり（Relate）」が取り上げられています。

これらはまさにワーケーションが創出するものです。地域でずっと住み続ける人が減ってきましたが、逆に人生100年時代のキャリアを考えると都市部でずっと住み続けることも、リスクとなります。都市部に住む人たちも定期的に、一定期間地域を訪れて仕事やキャリアを振り返ったり、新しい視点を学んだりすることが重要になります。

そういった意味で、地域は「社会的創意工夫」の拠点になりえます。地域の人たちや企業と一緒に社会的課題に取り組むことはまさに「社会的創意工夫」の実践です。こうした活動は地域のニーズにもマッチします。

はじめにワーケーションはワークとバケーションと「足す」のではなく「重ねる」ことがポイントだと指摘しました。ワーケーションで「語り」「探究」「つながり」を実践することは「重ねる」実践に他なりません。

[注]

1. 後藤学・濵野和佳（2020）「新型コロナウイルス感染症流行下でのテレワークの実態に関する調査動向」『INSS journal』原子力安全システム研究所、27、252-274.

2. HUMAN FIRST 研究所(2021)「新しいオフィスの在り方や価値に係る調査研究」第2回『個人のパフォーマンス向上因子』に関する協働調査研究結果
3. 日本総研（2020）「若者の意識調査（報告）―ESG および SDGs、キャリア等に対する意識―」〈https://www.jri.co.jp/MediaLibrary/file/column/opinion/detail/200813report2_kojima.pdf〉
4. パーソル総合研究所（2021）「第四回・新型コロナウイルス対策によるテレワークへの影響に関する緊急調査」〈https://rc.persol-group.co.jp/thinktank/research/activity/data/telework-survey4.html〉
5. オーバーツーリズムについては阿部大輔ほか（2020）『ポスト・オーバーツーリズム』学芸出版社、高坂晶子（2020）『オーバーツーリズム』学芸出版社、などに詳しく述べられています。
6.「日本版持続可能な観光ガイドライン (JSTS-D)」はグローバル・サステナブル・ツーリズム協議会 (GSTC : Global Sustainable Tourism Council) が開発した国際基準である観光指標をベースとし、地域農業・サービス利用の促進、文化資産の修復や保全、環境負荷などの項目をチェックし、持続的な観光のための目安やブランディングのためのツールとして活用されることが期待されています。
7. 高山市商工観光部観光課「平成 30 年　観光統計」
8. 厚生労働省（2021）「国民生活基礎調査」
9. Frey, C. B., & Osborne, M. A. (2013). “*The future of emplyment: how susceptible are jobs to computerization?*”, 1–72.

第2章

日本型ワーケーションの誕生と展開

1.デジタル・ノマドの潮流

ワーケーション実践者としてのデジタル・ノマドの登場

ワーケーションとは「ワーク（仕事）」と「バケーション（休暇）」を組み合わせた造語で、英語では“Workation”あるいは“Workcation”と表記されます。ワーケーションは欧米発祥のものと思われがちですが、この認識は半分正解で半分間違っています。確かに言葉としてのワーケーションは欧米発祥ですが、ワーケーションが企業で制度化されていたり、地域で推進されたりしている、というわけではありません。2000年半ば以降モバイルメディアの発展を背景に増えてきたデジタル・ノマドと呼ばれる人たちが、自分たちのライフスタイル、ワークスタイルを指して、ワーケーションという言葉“も”使い始めたのです。

彼ら彼女らは、「ロケーション・インデペンデント」、すなわち場所の独立という表現を好んで使います。これはなかなか示唆的です。なぜなら、「ノマド」というと各地を転々とするイメージがあるかもしれませんが、実際に彼ら彼女らの話を聞くと、必ずしも定期的かつ頻繁に移動しているわけではありません。むしろ、好きな場所を求めて移動する「自由」があることにこだわりを持っています。

バリ島にいるデジタル・ノマドについて調査したウォルドフ＆リッチフィールド（2021）は、デジタル・ノマドたちの滞在期間を基に図2-1のように分類しています。

まず観光ビザの期限（バリ島・インドネシアは2カ月）までの滞在で、デジタル・ノマド入門とも言える「ハネムーン」です。しかし、ハネムー

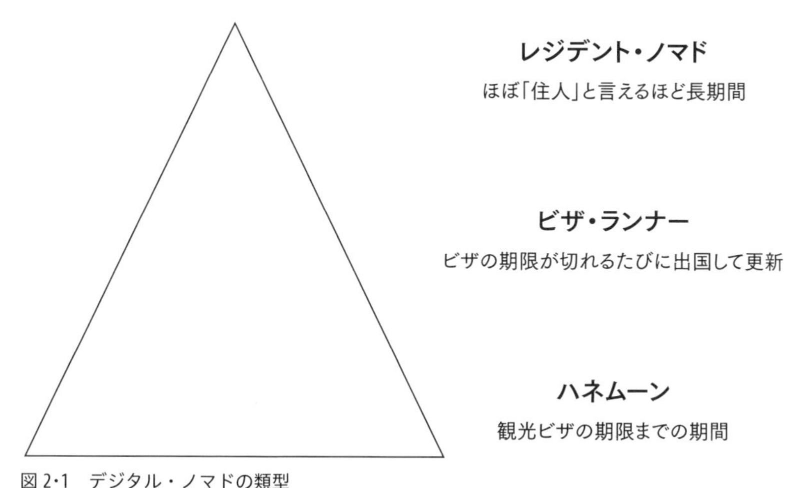

図2·1　デジタル・ノマドの類型
（出典：R. A. Woldoff & R. C. Litchfield (2021) "Digital Nomads" Oxford University Press）

ンにおいてオフィス以外で仕事をする体験はまだ一種の観光であって、せわしなく動き回っているため、集中して仕事ができず、生産的ではないという声も多くあるようです。

次の「ビザ・ランナー」は、観光ビザの期限が切れた後もデジタル・ノマド生活にコミットしようと、一旦出国後に再入国し、滞在期間を延ばす層です。

さらにその期間が延びてくると「レジデント・ノマド」、すなわちほぼ住人に近いライフスタイルになります。ただしそうは言っても、本人たちはノマドであり、ロケーション・インデペンデントであるという意識は強いとみられます。

これらの分類は、バリ島にいるデジタル・ノマドを対象にしたもので、観光ビザの期限が基準となっています。例えば日本におけるワーケーションを考えれば、ハネムーンは試しに週末に実施する人、ビザ・ランナーは毎週末や長期休暇に実施する人、レジデント・ノマドは拠点を地域に移した人、などと置き換えることができます。今後、海外からのインバウンドも含めたワーケーションを構想する際には、日本人のワーケーションと海外のデジタル・ノマドの融合は1つのポイントになるでしょう。

デジタル・ノマドを支えるテクノロジーとサービス

デジタル・ノマドたちの登場の背景には、インターネット環境の整備とモバイルメディアの発展と普及があります。1980年代にA. トフラーは著書『第三の波』で、自宅のコンピュータが高速回線でつながることで「エレクトリック・コテージ（電子小屋）」になってオフィスへの通勤もなくなる、と唱えました。このことは在宅でのテレワークとしてその姿を現代に見ることができています。

一方でインターネットは1990年代末から2000年代にかけてケータイからスマートフォン、タブレット、モバイルPCなどモバイルメディアとも結びつきます。このようなモバイルメディアの展開が、デジタル・ノマドを生み出しました。「情報通信白書」によると、インターネットを利用する際の利用機器の割合は2010年にスマートフォンなどモバイル端末が自宅のパソコンを逆転しました[注1]。このことが「いつでも・どこでも」と「いま・ここ」を起点としたさまざまなサービスを展開し、慣行を含めた私たちの行動を変化させることにつながります。

2000年代半ば以降のモバイルメディアの発展・普及は、オンラインでの仕事を可能にしただけでなく、旅・観光のスタイルを大きく変えました。例えば1990年代から2000年代にかけて発展したLCC（格安航空会社）の低価格を支えたのはオンラインでの予約です。鉄道やバスなども含めアプリからの予約・乗車はどんどん普及しています。

また旅先では、スマホで表示したGoogle Mapを見ながら歩くことが一般的になりました。UberやGrabといった配車サービスでタクシーを呼べば、行き先のナビや支払いもアプリ経由で済ませられるので、運転手との面倒な交渉も必要なくなりました。Bla Bla Carのような乗り合いサービスも手軽に利用できます。ホテルへの宿泊もHotels.comやBooking.comを使ってオンラインで完結できますし、Airbnbのようにいわゆる民泊も増えてきました。日本でもADDress、Living Anywhere、HafHのような宿泊プラットフォームが整備されつつあります。またKlookのようにアクティビティや施設のチケット、現地のツアーなどを予約できるサービスも拡大しています（図2·2）。これらはPCでの利用もできますが、位置情報と連動しながらスマホのアプリとして利用することで、チケットになったり、連絡が取れたり、おすすめをプッシュしてくれたりと、魅力や利便性がより高まります。

図2·2　Airbnb（左）とKlook（右）のスマートフォンページ

求められる対デジタル・ノマドのマーケティング

これまではオフラインが中心で、その拡張としてオンラインがある、というイメージでしたが、むしろオンラインが中心で、その利用のタッチポイントとしてオフラインがある、と捉えるほうが本質的になりつつあります。特に移動については、自分が動かなくても済ませられる自由さと、どこへでも行ける自由さが同時に成立するようになっています。

これらのことは、これからのワークスタイル、ライフスタイルを考える上で非常に示唆的です。「地方にいても仕事ができる」というとき、「地方に住みながら都市部の仕事ができる」という意味と、「モバイルメディアを活用して移動しながら仕事ができる」という意味の2つがそこに含まれています。そして、私たちのこうした変化に沿って生まれたワークスタイル、ライフスタイルこそ、ワーケーションだと言えます。

こうした中で、長期滞在をし、また現地の雇用を奪うこともないデジタル・ノマドは、都市や地域にとって有力な顧客とみなされはじめています。長引くコロナ禍により、大量で頻繁な検疫やチェックは難しいため、世界では、アフターコロナを見据えたデジタル・ノマドの獲得競争も始まっています。

デジタル・ノマドにとって快適な都市・地域をランキングした「Nomad List」を見ると、都市ではリスボンやベルリン、リゾートではバリ島のチャングー、大西洋上に浮かぶテネリフェ島、タイのチェンマイなどが人気を集めています。これまでもオランダやドイツなど、フリーランスでもビザが取りやすい国はありましたが、コロナ禍以降ははっきりとデジタル・ノマドをターゲットにしたものが増えつつあります。例えばエストニアは2020年8月に「デジタル・ノマド・ビザ」の発行を始めました。観光目的では90日までの滞在だったのが、このビザによって1年間の滞在が可能になります。他にもバミューダやバルバドスなどもデジタル・ノマド・

図2･3　デジタル・ノマド・マデイラ（出典：Digital Nomad Madeira ウェブサイト）

ビザを発行してデジタル・ノマドへアピールしています。

大西洋に浮かぶポルトガル領マデイラ島では「デジタル・ノマド・マデイラ」を立ち上げ、デジタル・ノマドを受け入れるいわゆるデジタル・ノマド村をつくりました（図2･3）。100名の受け入れに対して3,000人を超える希望者が殺到したといいます。このニュースはCNNやForbesをはじめ多くのメディアで取り上げられました。アジアではチェンマイのあるタイ、バリ島を抱えるインドネシアなどもデジタル・ノマド・ビザの発行を検討している状況です。

日本の地域もワーケーションを展開する中で、今は国内の需要掘り起こしの段階ですが、中長期的には海外のデジタル・ノマドも大きなマーケットになると考えられます。それに対応するような受け入れ環境整備やビザの働きかけなども含めて、デジタル・ノマドに「刺さる」魅力創造、戦略が必要になります。

2. 地方創生と関係人口としてのワーケーションへの期待

一極集中から地方分散へ

日本におけるワーケーションが登場する社会的背景として、長らく問題視されている東京への一極集中が挙げられます。2021年の国土交通省の報告書[注2]によると、東京圏（埼玉県、千葉県、東京都、神奈川県）の人口は1950年代から増加し続け、2018年の時点で約3,659万人となっており、これは全国の約30%を占めています。名古屋圏（岐阜県、愛知県、三重県）ではそれぞれ約1,133万人で9%、大阪圏（京都府、大阪府、兵庫県、奈良県）では約1,823万人で14%となっています。つまり、この3つの都市圏だけで人口に占める割合は半分以上になっています。

首都圏に人口の約30%が集まっている状況は、他の先進国と比較しても高い割合です。国連のデータによると2010年の時点でフランス（パリ）で約18%、英国（ロンドン）で約15%、米国（ニューヨーク）で約7%、ドイツ（ベルリン）では約5%となっています。

報告書では東京一極集中の考えられる要因として(1)就学・就職等のために20代前後の層が東京に流入、(2)魅力・利便性・自由度の高さ等を求めて東京へ流入、(3)一度東京に来ると地方に移住しにくい環境、という3つを挙げています。地元に残らずに東京へ移住する理由として仕事や進学先を挙げる人は多いですが、それに続いて特に女性を中心に人間関係やコミュニティへの閉塞感、日常生活やレジャー、娯楽施設などを挙げる割合も高くなっています。東京一極集中緩和のためには(1)テレワークの進展による「職場と仕事の分離」、(2)地方移住への関心の高まり、(3)「豊かさ＝賃金の高さ」からの意識転換、が挙げられています。

ふるさとテレワークと関係人口

東京一極集中への対応は今に始まったことではありません。これまでも地方創生のためのさまざまな政策が打ち出されてきました。

2014年には「まち・ひと・しごと創生総合戦略」がスタートしました。そこでは基本的な視点として、①「東京一極集中」の是正、②若い世代の就労・結婚・子育ての希望の実現、③地域の特性に即した地域課題の解決、が取り上げられ、それに対する政策の方向として①地方における安定した雇用の創出、②地方への新しい人の流れをつくる、③若い世代の結婚・出産・子育ての希望をかなえる、④時代に合った地域をつくり、安心な暮らしを守るとともに、地域と地域を連携する、ことが掲げられました。

またこの文脈から「ふるさとテレワーク」が展開されます。総務省の「Telework Net」によると、「ふるさとテレワーク」とは「地方のサテライトオフィス等においてテレワークにより都市部の仕事を行う働き方」と定義されています。地域からテレワークを行うことで「都市部から地方への人や仕事の流れを創出し、地方創生の実現に貢献するとともに、地方における時間や場所を有効に活用できる柔軟な働き方を促進し、働き方改革の実現にも貢献」するとされています。「ふるさとテレワーク」の地域実証事業として2015年から和歌山県白浜町、長野県塩尻市・富士見町・王滝村など15の地域で展開していくことになりました。この和歌山県、長野県は2019年に設立された「ワーケーション自治体協議会（WAJ)」でも中心的な役割を果たしています。つまり、日本におけるワーケーションは2020年以前の地域が提唱する「ふるさとテレワーク」の延長線上にあったと言えます。

また2018年には「関係人口創出事業」がスタートしました。「関係人口ポータルサイト」によると、関係人口とは「移住した『定住人口』でもなく、観光に来た『交流人口』でもない、地域と多様に関わる人々」とされています。関係人口と地域との協働に取り組むモデル事業採択団体として2018年度は30団体、2019年度は44団体、2020年度には25団体が採択されました。

こうした関係人口創出・拡大のための取り組みはどのように整理できるのでしょうか。そこでは、その地域出身の人が地元との関わりを持つ（ゆかり型)、あるいはふるさと納税をきっかけに地域とつながる（ふるさと納税型）という「関係深化型」と、その地域に縁もゆかりもなかった人がたまたま関わる「関係創出型」のパターンがあります。これに加えて、都市住民や海外の人に理解・関心を高めるための「裾野拡大型」「裾野拡大（外国人）型」などが想定されています。

こうした流れは情報化の文脈からも見ることができます。2003年の「e-Japan戦略II」において2010年までにテレワーク人口が就業者人口の2割にすることが数値目標として掲げられました。2013年の「世界最先端IT国家創造宣言」でも、テレワーカー数が雇用形態の多様化とワーク・ライフ・バランスの実現状況を測るKPIの1つとして、2020年までに(1)テレワーク導入企業を2012年度比で3倍、(2)週1日以上終日在宅で就業する雇用型在宅型テレワーカー数を全労働者数の10%以上、と設定されました。さらに2017年には「世界最先端IT国家創造宣言・官民データ活用推進基本計画」ではテレワークの普及について新たに、雇用型テレワーカーの割合を倍増（2016年度は7.7%）させることが目標とされました。

ワーケーションの推進は、このように関係人口やテレワークを増やすための1つの方策として期待されてきたと言えるでしょう。

若者にとっての地元と地域

若者たちにとって地元や地域をどのように捉えているのでしょうか。マイナビの「2022年卒 マイナビ大学生Uターン・地元就職に関する調査」では働く場所が自由になった際に、勤務先・居住地域の理想についての質問への回答は「地方の企業に勤め、地方に住みたい」が36.4%、「都市（東京以外）の企業に勤め、地方に住みたい」は14.7%、「東京の企業に勤め、地方に住みたい」は5.9%となっています。またIターンのように地元以外の自然豊かな地方で働いてみたい割合は17年卒から徐々に増加し、22年卒では43.2%になりました（図2•4）。

これらはオンライン就活が進む中で地元や地域の企業とのコミュニケーションの増加とも関連しているでしょう。こうした変化はコロナ禍による一時的なものかもしれませんが、家族や働き方、自然や地域との関わりを含めた地元や地域との関係性が見直されていることの証左です。

若者が地方から都市へ移動していた主な理由は、進学と就職です。先に見た国土交通省の報告書では所得についてのデータも示されています。東京に仕事があり、給料も高いために全世帯で見た可処分所得では上位（3

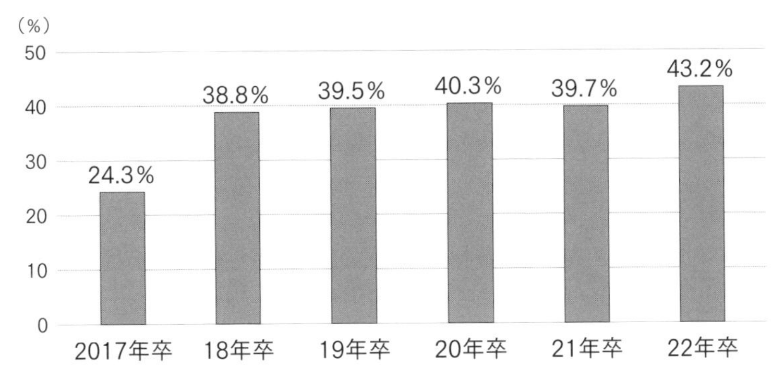

図2•4　地元（Uターン含む）以外の地域で働きたいと思う若者の割合
（出典：マイナビ（2021）「2022年卒 マイナビ大学生Uターン・地元就職に関する調査」）

位）です。しかし、中央世帯（上位40〜60％の世帯）で見ると順位が下がり、12位になります。逆に食費や家賃、光熱費などの基礎支出は1位で、そこに通勤時間を費用換算すると、その差額は全国最下位になります。つまり、東京に出たからと言って経済的に豊か、幸せになる時代ではないとも言えます。

もちろん、若者がUターン、Iターンで地域に移動しても仕事がなければ実際に期待したライフスタイルを実現することはできません。ただしコロナ禍以降、オフィスを自然豊かな地域へ移転させる企業やリモート勤務を認める企業も増えてきつつあります。こうした状況の中で地方か都市かという二者択一ではなく、どちらも選択するワーケーションは1つの解になりえます。

3. 日本型ワーケーションの誕生

日本人の働き方がはらむ問題

これまで日本の生産性の低さは指摘されてきました。日本生産性本部の調査[注3]によると、2020年における、日本の就業者1人あたりの労働生産性は28位で、OECD平均を下回り、欧米諸国と比べて高くはないことが分かります。これは1970年以降、最も低い順位となっています。1時間あたりの労働生産性も平均を下回る23位となっています。これらのデータは効率的に働くことができていない結果とも言えますし、生み出す商品やサービスの付加価値が高くない結果とも言えます。

実際に私たちはどのように仕事に取り組んでいるのでしょうか。近年、仕事へのモチベーションやエンゲージメント（愛着・思い入れ）が注目を集めています。2021年のギャラップ社の調査によると「熱意のあふれる社員」はアメリカ・カナダでは34%でしたが、日本では5%に過ぎないことが分かりました[注4]。他の地域も見ると、西ヨーロッパでは11%、東アジアでは14%となっており、日本で熱意を持って仕事に取り組む社員の割合は多くないことが分かります。

また「日本の人事部」が2019年に行った調査によると、社員のエンゲージメントの重要性について「大変重要である」は48.6%、「重要である」は41.4%とおおよそ90%の企業がその重要性を認識しています。その一方で、従業員のエンゲージメント（愛着・思い入れ）について「高い」は3.3%、「どちらかというと高い」は27.3%であったのに対して、「どちらかというと低い」は39.7%、「低い」は17.2%と、半分以上が自社の従業員のエンゲージメントは低いと考えていることが示されています[注5]。これらから示されるのは、日本において熱意や愛着を持って仕事をしている社員はそれほど多くないということです。

「仕事は厳しいものだから、3年は我慢するべきだ」とよく言われます。厚生労働省の「新規大卒就職者の離職状況」調査によると、大卒者の3年以内離職率は2020年で31.2%となっています[注6]。つまり、若者たちのおおよそ3人に1人は3年以内に離職しているということです。さらに中卒・高卒・短大卒ではこの数字はより高くなっています。これらの数字から、最近の若者は我慢ができないと切り捨てる人もいるかもしれません。しかし、少子化が進み労働人口が減る中で、企業にとって若者たちは貴重な存在です。彼ら彼女らが前向きに仕事を継続できるように働きかけたり、環境を整えたりすることが求められます。

働き方改革と関係人口創出を両立する

「働き方改革」は、働く人々が個々の事情に応じた多様で柔軟な働き方を自分で「選択」できるようにするというものです。2018年に「働き方改革関連法案」が成立し、2019年より順次施行されています。厚生労働省は2019年にガイドライン『働き方改革〜一億総活躍社会の実現に向けて〜』を示しました。そこでは働き方改革において大きく2つのポイントを挙げています。

1つは労働時間法制の見直しです。残業を含む長時間労働を減らし、ワーク・ライフ・バランスを取ることを目指すというものです。もう1つは雇用形態に関わらない公正な待遇の確保です。正規雇用と非正規雇用との間にあるさまざまな待遇格差をなくし、雇用形態に限らず働き続けることができる社会の実現を目指すというものです。特に年10日以上有給休暇の権利がある従業員について、最低でも5日以上は有給休暇を確実に取得することが求められるようになりました。

それでも、国際的に見ると日本は「休まない国」です。バカンス法があるフランスなどでは年間30日の有給休暇があり、2週間のバカンスに出かけるスタイルが労働者の当然の権利、さらに言えば義務としてあります。旅行サイト「エクスペディア」が2021年に発表した「有給休暇国際比較」によると2020年の日本の有給休暇取得率は45％（20日支給で10日取得）でした（図2･5）。日本は有給休暇の支給日数は少なくないのですが、世界でも有数の「休めない国」と言えます。

こうしたことを踏まえると、社員に有給休暇を確保しなければならないという企業と、一時期に集中してオーバーツーリズムにならず関係人口として複数回あるいは長期間滞在してほしい地域にとって、ワーケーションは有効なアプローチです。

日本においてワーケーションを定着させるには、フランスのように長期間のバカンス文化として根付かせるというよりも、地元や地域との新しい関わり方として展開することが有効でしょう。

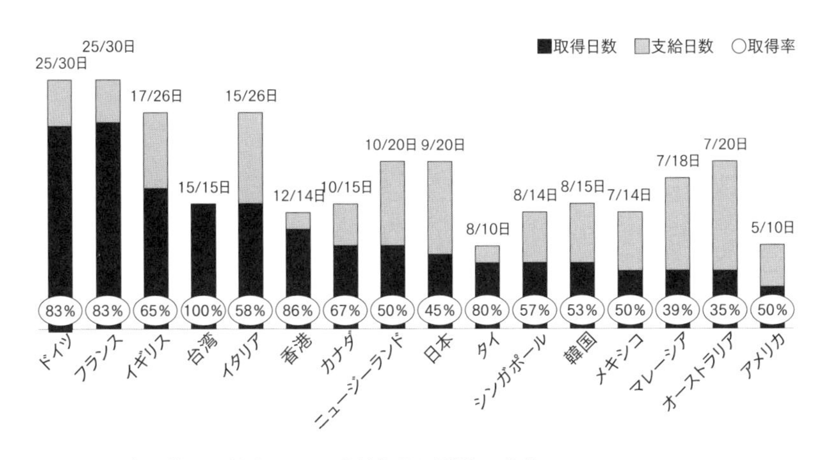

図2･5　2020年の世界16地域における有給休暇取得状況の比較
（出典：エクスペディア（2021）「有給休暇の国際比較調査」〈https://welove.expedia.co.jp/press/50614/〉）

越境学習としてのワーケーション

ワーケーションに対しては、ビジネスそのものとしての期待も寄せられています。近年、「知の探索」と「知の深化」とをバランス良く取り入れながら経営することの重要性を説いた「両利きの経営」が注目されています[注7]。ここで言う「知の探索」とは、自社のすでに知っている既知の範囲を超えて遠くに認知を広げていこうとするもので、「知の深化」とは自社の持っている知を深堀りして磨いていく行為を指しています。

日本能率協会マネジメントセンター(JMAM)(第4章で詳述)は、この「知の探索」のためには「越境学習」が重要であるとして、ワーケーションを活用したプログラムを提供している組織です。ここで言う「越境学習」とは、普段自分が属している組織から飛び出して異質な他者と出会うことで刺激や違和感を覚え、そこから自分で問いを立てたり、対話したりしながら新たな知につなげていく学びの方法です。

越境学習は、今まで気づかなかった固定概念や暗黙の前提から脱するきっかけをつかむアプローチです。2020年のコロナ禍とそれへの対応はまさにVUCA(変動性、不確実性、複雑性、曖昧性)を象徴するものでした。このような時代、社会の中で個人・組織が適応していくためにも「越境学習」を取り入れていくことは重要になるでしょう。

イノベーションによって新たなビジネスの創出、あるいはそれを行う社員の育成が求められる企業にとって、ワーケーションはそれを解決する1つのアプローチになります。

日本型ワーケーションの誕生と官民連携による推進

日本でのワーケーションについては2010年代からその兆しがありました。ここまで見てきたように、それは地方創生のための関係人口創出、またテレワーク推進と企業誘致、さらに企業にとっては働き方改革という文脈で展開されてきました。それはデジタル・ノマドのワークスタイル、ライフスタイルとしてのワーケーションとは一線を画す「日本的」なワーケーションが形成されていく流れでした。

2010年代後半からコロナ禍にかけてのワーケーションの展開を自治体や省庁を中心に簡単にまとめると図2･6のようになります。

これに対応するように、観光・運輸事業者をはじめ、さまざまな事業者がワーケーション・ビジネスを展開するようになります。

また2021年11月にはデジタル実装を通じた地方活性化を目指す「デジタル田園都市構想」が政府によって打ち出されました。その中でテレワークなどを拡大しての転職なき移住の推進や、5Gやドローン、MaaSなどデジタル・テクノロジーによる教育・医療・物流などの領域での社会課題解決が目指されています。こうした施策において、柔軟な働き方や新規事業開発、社会課題解決を含むワーケーションは重要なアプローチになるはずです。

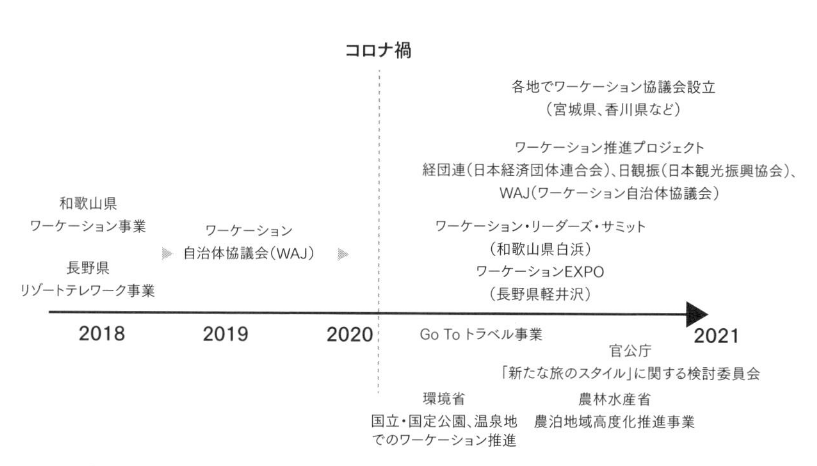

図2･6　自治体・省庁におけるワーケーション関連の概況（筆者作成）

4. ワーケーション 2.0：日本型ワーケーションの展開に向けて

改めてワーケーションとは何か？

2020年にワーケーションは注目を集め、各省庁が予算や補助金をつけ、各自治体でもワーケーション推進・展開が求められました。

一方で、ワーケーションに対して「仕事と休暇の境目がなくなってしまう」「せっかく休みに来ているのに仕事をするなんて嫌だ」「観光地だと仕事に身が入らなそう」という声も多く聞かれます。これらの反応はワーケーションがワーク（仕事）なのかバケーション（休暇）なのかはっきりしないことへの不安だと言えます。

しかし前述したようにワーケーションは文字通りその両者を重ねることで可能になる経験です。そこで本書ではワーケーションを「仕事と休暇を重ねることで可能になったり、価値を生み出したりするワークスタイルおよびライフスタイル」と定義したいと思います。

ワーケーションを企画・事業化するにあたって次の2点を押さえることがポイントです。

1つは、ワークとバケーションが重なることで生まれる付加価値を高めることです。2020年以降、さまざまな地域でワーケーションのモニターツアーも行われるようになりましたが、残念ながら「これだったらオフィスで仕事していたほうが効率は良かった」とか「これだったら観光で完全に休暇として体験したかった」というものが少なくありません。仕事と休暇のどちらでもない新しい経験であり、ワーカー、企業、地域にとってそれぞれメリットがあるものにすることが重要です。

もう1つは「独自性」です。多くの地域でワーケーションが企画・事業化していく中で、なぜその地域を訪れる必要があるのか。そして好きになるのか。納得と共感が重要です。他の地域や企業が実施していることを先行事例として参照するのは効率的ですが、表面的に捉えてマネをしても失敗に終わります。そこがどのような地域や企業で、どのような時期に、どのような人たちが関わったのか、再現性を吟味しつつ、自分たちの地域にカスタマイズすることが重要です。

この2つのポイントを押さえたワーケーション企画・事業にするためには、まず日本型ワーケーションの本質を掴んでおく必要があります。そのために本章の締めくくりとして、ワーケーション1.0からワーケーション2.0というコンセプトを提示したいと思います[注8]。ここで紹介するワーケーション2.0を意識することでおのずと2つのポイントを押さえたワーケーション企画・事業になるはずです。

ワーケーション2.0——当事者とともに事業をデザインする

2020年にワーケーションが盛り上がった背景には、落ち込んだ観光需要の回復への期待がありました。しかし観光業もコロナ禍を我慢の時期として「どう乗り切るか」ではなく新たな観光の形を本格的に検討することにシフトしています。またその中で地方創生や関係人口創出を含んだ形で展開していくべきでしょう。すなわち観光需要の回復を目指したワーケーション1.0から本来の地方創生や関係人口創出を目指すワーケーション2.0へとアップデートすることが必要になってきます。

ではワーケーション1.0からワーケーション2.0へ何がどのようになるのか。それは図2・7のように整理できます。

この変容の本質を理解するためには、ワーケーションの事業・企画を1つのデザインだと捉えることが必要です。

ワーケーション 1.0		ワーケーション 2.0
気晴らし、娯楽、レジャー	レクリエーション	Re-Creation（再創造）
代替・穴埋め	観光の	再定義
観光客（交流人口）	ワーカーの位置付け	関係人口
単発・短期間	滞在	継続／連続・比較的長期
消費する人	接し方	パートナー
生産性向上：ワークスタイル	ワーカーにとって	刺激・転機：ライフスタイル
交流	地域との関係	価値創造
寛容	地域が提供するもの	歓待・ホスピタリティ

図 2･7　ワーケーション 1.0 とワーケーション 2.0

近年、さまざまな領域にデザインが広がっています。デザインはモノをおしゃれに飾り付けたり、イラストを描いたりすることだけを指すのではありません。コミュニティデザイン、ソーシャルデザイン、政策デザイン、地域デザインといった言葉も出てきています。

デザイン研究者の L. サンダース（2014）はデザインの流れについて、消費者やモノといったキーワードで語られる 1980 年代は「For People（人びとのため）」の時代、それから 30 年経った 2010 年代はエンドユーザーやニーズ、参加などがキーワードとなる「With People（人びとと共に）」の時代、そしてさらに 30 年先の 2040 年は「By People（自分たち自身で）」の時代だと整理、予想しました。[注9]

ワーケーション 2.0 は、当事者を共にデザインするパートナーとして捉える「with People」から筆者が構想したものです。そしてそれはワーケーションを提供する地域や企業、組織あるいはデザイナーが、「全てはお客様のために」という発想から、徐々に関係者を巻き込みながら一緒に行っていくという発想へと変化することなのです。

消費者ではなくパートナーとして受け入れる

ではワーケーション 1.0 からワーケーション 2.0 へは何が変わっていくのかを見ていきましょう。まずレクリエーションという概念の変容です。これまで観光の大きな目的であった気晴らしや娯楽、レジャーから、ワーケーション 2.0 では語源に近い意味である Re-Creation として地域やワークスタイル、ライフスタイルを「再創造」していきます。

2020 年に急速に広がったワーケーション 1.0 は、落ち込んだ観光需要を代替・穴埋めするためのものでした。そのような視点であればやってくるワーカーたちは滞在期間は単発・短期間の観光客（交流人口）として見られることになります。

しかしこのような視点はこれまでの観光が遠くない将来に回復することを前提としていますので、環境整備などの投資も長期視点でできませんし、オーバーツーリズムなどの問題も先送りしているだけになります。

ワーケーション 2.0 においては、これまでの地域における観光を再定義するためのきっかけやアプローチとしてワーケーションを捉えていくことが有効になります。ワーカーたちを継続／連続あるいは比較的長期間滞在できる・したくなるような環境を整えていく。そうした環境を、地域側だけが準備するということではなくワーカーたちと一緒につくっていく。その環境をつくっていくプロセス自体が継続／連続あるいは比較的長期間の滞在にもつながり、良い意味での手段の目的化となります。そうなることでワーカーたちはその地域の関係人口になっていきます。

つまり、地域にやってくるワーカーたちを消費する人ではなく、パートナーとして受け入れることがポイントになります。お客様やユーザーとしてどのようなニーズがあるのかを把握することは、これまでもマーケティングという形で重要視されてきました。ワーケーションで言えば、仕事をするための施設や Wi-Fi を整備して欲しいといったものです。

もちろん、その地域に来て静かに集中して仕事をしたいというニーズもあり、それはそれで成立します。しかしそれでは、これまでの観光行動の一部を、仕事をすることに置き換えているだけに過ぎず、地域にとっても企業にとっても大きなインパクトとはなりません。ワーケーション2.0ではワーカーをパートナーとして捉え、どのように地域に関係してもらうか、関係したいような「関わりしろ」の仕組みや環境を整えて、単なる交流から価値創造へつなげることが重要になってきます。

ワーケーションで目指す生産性向上のワナ

ワーケーションを制度として導入するか検討する上で企業が最も気にかけるのは、効果があるのか、すなわちオフィスで仕事をするよりも生産性が上がるのか、というエビデンスです。ワーケーションを導入することで生産性がどれくらい上がるかを探る実証実験は、これからいろいろな形で実施、検証されていくでしょう。

もちろん、生産性が上がるのであれば喜ばしいことですし、それをデータによるエビデンスに基づいて議論することは重要ですが、一方で、生産性に目を向けすぎると抜けてしまうものも生じます。

ワーケーションで仕事の生産性がどうなるのか、は（1）その企業の仕事の進め方、意思決定の仕方などワークフロー、（2）どのような仕事をワーケーションで行うのか、に依拠している部分が大きいものです。

まず（1）について考えてみましょう。例えば、稟議の決裁を受けるために関係書類をプリントアウトして手書きで記入し、担当者の捺印が必要というプロセスが必要であれば、オフィスにいないと仕事が進まないでしょう。こうした企業のワーカーがワーケーションをすると、当然ですが生産性は上がりません。逆にこれらの作業がDX化され、ほぼオンラインで完結するなら、ワーケーションで通勤時間もなく気持ちの良い環境で作業することで生産性の向上が見込めます。そういった意味では、ワーケーションの設計や営業には企業のワークフローをワーケーションに最適化することも含めて提案することがポイントになります。

また（2）はどうでしょうか。稟議の決裁はオフィスに行ったほうが効率よく進めることができるかもしれません。一方で、チームの関係性をつくったり、集中して企画を練ったり、開発をしたりといった作業は、いろいろな連絡が細切れに入ったり、メンバーの都合がつかずまとまった時間を取ることができなかったりなどして、オフィスでは難しい場合のほうが多いでしょう。そうした仕事は、オフィスよりワーケーションの方が効率よく進めることができます。

後の章で詳しく見ていきますが、これらの要素を考慮せずにワーケーション自体が生産性を向上させるかという議論をしても、あまり意味がありません。少し極論になりますが、生産性が落ちなければ、あるいは多少落ちたとしてもそれでよいという考え方もあるでしょう。ワーカー個人の健康や幸福度を考えれば、気分の良い場所でリラックスしたり、趣味に打ち込んだりしながら仕事の生産性が変わらないのであればそれは望ましいワークスタイルだとも言えます。

例えば近年、「ウェルネス」に注目が集まりつつあります。健康科学者の荒川雅志（2017）はウェルネスを「身体の健康、精神の健康、環境の健康、社会的健康を基盤にして、豊かな人生（QOL）をデザインしていく生き方」として、ウェルネス・ツーリズムを提唱しています[注10]。また世界ウェルネス機構（GWI：Global Wellness Institute）はウェルネスを「全体的な健康につながる活動、選択、ライフスタイルを積極的に追求すること」としています。ヘルス（健康）は手段であり状態ですが、ウェルネスは目的であり活動、なのです。それを踏まえると、生産性の向上などワークスタイルとしての側面が強く捉えられていたワーケーション1.0に対し、それも含みつつウェルネスを実現するライフスタイルとしても捉えていくことが、ワーケーション2.0を企画・実践するためのポイントになるでしょう。

受け入れることで地域も変容する——寛容から歓待へ

ワーケーションが関係人口創出を１つの目的としているのであれば、その中で地域の住民と交流することが目指されます。観光学者の田中敦がワーケーション実施者に行った調査によると、「業務時間は仕事中心で、業務時間外も、遊びや観光・地域での交流を行わない」が22.1％で最も多いのですが、その他８割弱は遊びや観光や地域との交流、活動などを取り入れていることが分かります（図2･8)。

もちろん地域との交流や活動は、新たなツーリズムを再構築するためには重要なポイントです。しかしそこから一歩踏み込んで、関係人口創出や地方創生を目指しているのであれば、地域住民や企業と一緒に社会課題に取り組んだり、ワーケーション実施者や実施企業が新規ビジネスを立ち上げたりするなど、双方の価値創造につながるきっかけを提供することが重要です。

観光業やサービス業ではホスピタリティ（歓待）が重要だと言われています。哲学者の國分功一郎は「歓待」を「他者を受け入れることによって、主と客が共に変容すること」と定義します。一方で「寛容」は「既にある

項目	(%)
業務時間は仕事中心で、業務時間外も、遊びや観光・地域での交流を行わない	22.1
業務時間は仕事中心だが、業務時間外は、積極的に遊びや観光・地域での交流を行う	21.3
仕事中心だが、遊びや仕事以外の地域での活動も３割程度	17.4
仕事以外の活動は、仕事と遊び・地域での交流などだいたい半分くらい	12.9
遊びや観光、地域での交流など、仕事以外の活動が中心で、仕事は３割程度	10.5
遊びや観光、地域での交流が中心で仕事は必要最低限	15.8

図2･8　ワーケーション実施時の働き方
（出典：クロス・マーケティングと山梨大学が実施した「ワーケーションに関する調査（2021年3月度）をもとに筆者作成）

自分を維持しながら、他人を受け入れ、その存在に我慢（tolérer）すること」と位置づけます。さらに「寛容においては、既に現実化されている本質の維持が前提されている。歓待においては、いまだ現実のものとなっていない本質が現実化する」と指摘します。[注11]

これまでの観光や地域移住は、都市（や海外）からやってきた人に対して我慢することでやり過ごすものではなかったでしょうか。また、受け入れる側自身が変容することについてはどうだったでしょうか。振り返ってみて欲しいと思います。

ワーケーションは地域において「いまだ現実のものとなっていない本質が現実化」するためのものとして期待できます。そのためにワーケーション2.0で地域が提供すべきなのは、やってきた人を歓迎するホスピタリティだけではなく当事者、自分ごととして地域に関与する余地、すなわち「関わりしろ」なのです。

[注]

1. 総務省（2020）『令和2年版　情報通信白書』〈https://www.soumu.go.jp/johotsusintokei/whitepaper/ja/r02/pdf/index.html〉
2. 国土交通省（2021）「東京一極集中の現状と課題」〈https://www1.mlit.go.jp/kokudoseisaku/content/001390443.pdf〉
3. 日本生産性本部（2021）「労働生産性の国際比較2021」〈https://www.jpc-net.jp/research/assets/pdf/report_2021.pdf〉
4. Gallup（2021）『State of The Global Workplace 2021 report』
5. 日本の人事部（2019）『人事白書2019』あるいは以下でも確認できる〈https://jinjibu.jp/article/detl/hakusho/2130/〉
6. 厚生労働省（2020）「新規大卒就職者の離職状況」〈https://www.mhlw.go.jp/content/11652000/000845829.pd〉
7. チャールズ・A・オライリー、マイケル・L・タッシュマン著・渡部典子訳（2019）『両利きの経営』東洋経済新報社（原著：Charles A. O'Reilly III, Michael L. Tushman（2016）『Lead and Disrupt: How to Solve the Innovator's Dilemma』）
8. ワーケーション2.0は2021年の「NIKKEIスマートワーク」のテーマとして、また日本能率協会マネジメントセンター（JMAM）でもラーニング・ワーケーションの1つのコンセプトとしても取り上げられています。
9. L. Sanders and P. J. Stappers（2014）From designing to co-designing to collective dreaming: three slices in time. interactions 21, 6 (November-December 2014), 24–33. DOI:https://doi.org/10.1145/2670616
10. 荒川雅志・NPO日本スパ振興協会（2017）『ウェルネスツーリズム〈サードプレイスへの旅〉』フレグ

ランスジャーナル社
11.國分功一郎（2002）「歓待の原理― クロソウスキーから フーリエへ― 」『Résonances』Vol.1. （ブログにも転載　https://ameblo.jp/philosophysells/entry-10905760250.html ）

Part II どのようにワーケーションを行っているのか？

第3章

ワーケーションを誰が行っているのか

1.ワーケーションのステークホルダー

日本型ワーケーションにおけるステークホルダー

日本におけるワーケーションには大きく分けて、地域・企業・ワーカーの3つのステークホルダーが関わっています(図3･1)。それぞれについて、そのねらいや動向を整理しながら順に見ていきましょう。

地域――地域課題解決のためのワーケーション

関係人口としての期待

地域では、自治体が中心となり、ワーケーション促進のための政策や施

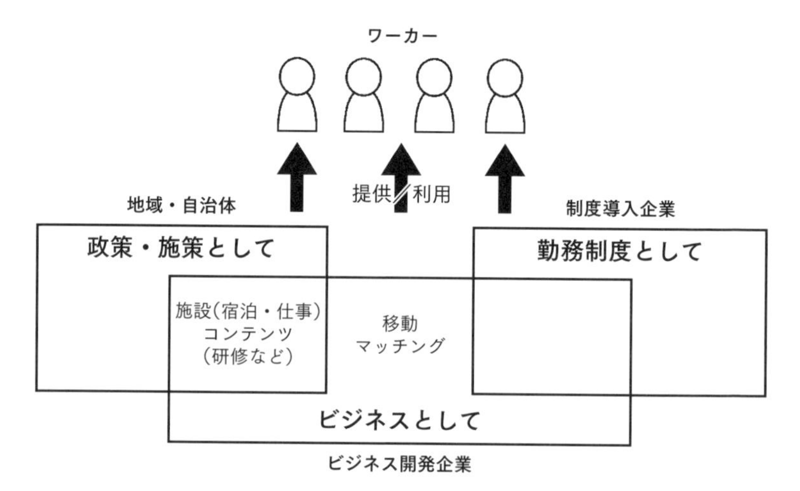

図3･1　ワーケーションにおけるステークホルダー

策に取り組んでいます。その内容は、コワーキングスペースや Wi-Fi 環境といった施設整備をはじめとするハード面と、起業や広報などソフト面への助成や支援です。

地域における担い手には、NPO／NGO や DMO（Destination Management/Marketing Organization：観光地域づくり法人）なども含まれます。ワーカーに対して、長期滞在を促し、地域の社会課題に関わってもらいながら、移住・定住を見据えた関係人口としての期待を寄せています。

部署・組織を横断した取り組みの重要性

地域にとってワーケーションは関係人口のためだけではありません。落ち込む観光産業への対応やニーズの掘り起こし、地域の産業、都市部からの呼び込みなどの観点もあります。そういった意味でワーケーションは観光、関係人口・移住促進、産業振興の 3 つが重なる部分に存在する地域の

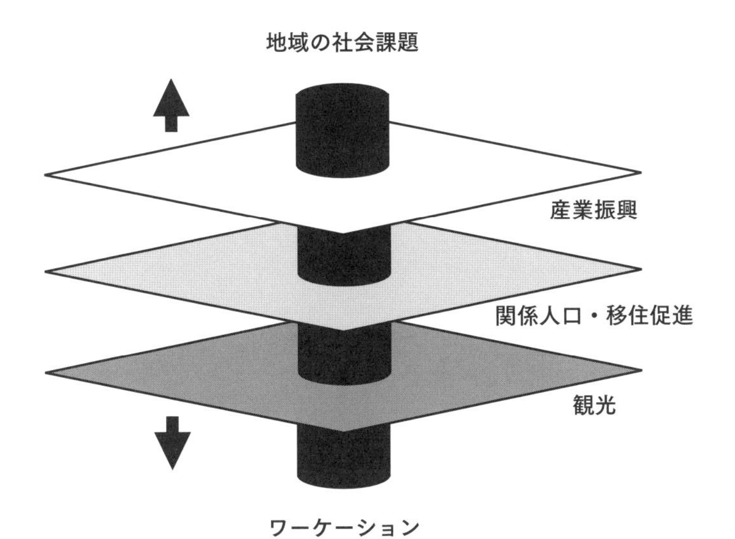

図 3･2　地域におけるワーケーションの捉え方

社会課題解決へのアプローチとして捉えられます。逆に言えば、3つの領域が重なるようなワーケーションにしなければ、地域にとっての効果があまり上がらないことにもなります（図3•2）。

自治体によってワーケーションを担当する部署が異なることもあります。例えば和歌山県白浜町は、2015年度から総務省が実施した「ふるさとテレワーク推進のための地域実証事業」に参加し、サテライトオフィスを整備したり、新たに企業誘致を行ったりしました。つまり情報政策や企業誘致の側面が強かったのです。

一方、鳥取県では、ワーケーション拠点整備事業費補助金に関しては「交流人口拡大本部ふるさと人口政策課関係人口推進室」が窓口になっていますが、「経済観光部企業立地・支援課」もワーケーションのための企業誘致を進めています。

このように、自治体の中にも複数のステークホルダーが存在しています。したがって、それぞれの部署が自分たちの担当だけを考えて他の部署と全く調整しない、となるとうまくいきません。ワーケーションを横串として部署を横断した連携が必要となります。

自治体協議会の設立と展開

自治体としてワーケーションという言葉を使用して本格的にプロモーションを始めたのは和歌山県です。2017年から、温泉や海も楽しめるサテライトオフィスでの勤務をワーケーションとしてPR展開していきました。

これを受け、和歌山県以外の地域でも、テレワークやサテライトオフィスを活用し、関係人口を増やしていこうとする動きが徐々に広まりました。

長野県は2018年から「リゾートテレワーク拠点整備事業」として軽井沢町、信濃町、佐久市、白馬村などの地域でテレワーク環境を整備する事業を推進。2019年には信濃町ノマドワークセンターが設立されるなど、ワーケーションの関連施設も多く開設されています。さらに2019年には、長崎県五島市がビジネスパーソンと地元の企業経営者、市民との連携によって地域課題解決へと繋げるためのワーケーション実証実験を開始するなど、各地域でワーケーションの推進事業や実証実験が活発になっています。

またさらにさかのぼること2016年からワーケーション体験会を行っている長野県千曲市では「1週間まるごとワーケーション」として2021年はゼロ・カーボンをテーマに農業体験やアイデアソン、学びを展開しています。こうした動きは新しい観光のかたちの模索とも言えますし、関係人口として社会課題の解決への活動とも言えます。

こうした盛り上がりが見られる中で、2019年には和歌山県と長野県の呼びかけによって「ワーケーション自治体協議会（WAJ：ワーケーション・アライアンス・ジャパン）」が設立されました。当初の参加自治体は65でしたが、その後増え続け、2021年11月時点で200を超える自治体がWAJに参加しています。

コロナ禍以降、2020年10月には和歌山県白浜でワーケーション・リーダーズ・サミットが、11月には信州でワーケーションEXPOが開催され、地域・企業・省庁を含めた関係者が集まり、さまざまな実践の紹介や議論が行われました。また宮城ワーケーション協議会（2020年9月）、香川ワーケーション協議会（2020年11月）など、各地域でもワーケーションに関して自治体と企業が連携するための協議会を設立する動きも活発になっています。

企業――制度／ビジネスとしてのワーケーション

制度として導入する企業

ワーケーションに取り組む企業は、制度導入側の企業とビジネス開発側の企業に分かれます。

制度導入企業は、ワーケーションを勤務制度の一環と捉えています。働き方改革の下で有給休暇取得率を維持・向上する福利厚生的なアプローチとして、あるいは人材育成や新規事業開発のためのアプローチとして、ワーケーションを活用していこうというものです。ワーカーに対しては、採用にあたっての自社の魅力、社員の会社への愛着やチームや部署の一体感を高めることを期待しています。

こうした企業では、BCP（事業継続計画）や有給休暇取得、健康経営などの労務管理、あるいは研修やチームビルディング、開発合宿など人材育成・組織開発の文脈でワーケーションを捉えています。

例えばコロナ禍以前の2015年からワーケーションに取り組んでいる日本航空株式会社（JAL）は、総労働時間の削減のための勤務形態の1つとしてワーケーションを位置付けています。また働く場所・時間を社員が自由に選べる「WAA（Work from Anywhere and Anytime」を2016年から導入したユニリーバ・ジャパンでは、2019年から「地域 de WAA」を掲げ、ワーケーションを位置付けています。

ビジネスの開発機会として捉える企業

一方、ビジネス開発企業は、これまでのビジネスの拡大、あるいは新規事業のチャンスとしてワーケーションを捉えています（もちろん、同時に勤務制度として導入している企業もあります）。ワーカーに対しては、自社のサービスを活用してもらう消費者として期待を寄せているといえます。

2020年のコロナ禍以降、観光需要の落ち込みに対してJRなど鉄道、全日本空輸株式会社（ANA）やJALなど航空といった移動に関わる企業や株式会社JTBや株式会社エイチ・アイ・エスなど観光事業者は、ワーケーションを銘打ったプランや事業を立ち上げました。国内外のホテルや旅館も、コロナ禍での利用落ち込みへの対策としてワーケーションを標榜したプランを打ち出しています。

既存のビジネスと組み合わせた新規事業でワーケーションを推進する企業の例として、不動産業としてまちづくりに取り組んできた三菱地所が挙げられます。2019年以降はワーケーションを行う施設「WORK×ation」を和歌山県白浜、長野県軽井沢、静岡県熱海などに展開しています。他にも株式会社日本能率協会マネジメントセンター（JMAM）はワーケーションで行う人材・組織開発のための研修やアクティビティをワーケーション導入企業や地域に向けて提供したり、コンサルティングしたりしています。

ワーケーションは新たなビジネス領域の可能性も広げています。HafHやADDressといった定額コリビングプラットフォーム、Living AnywhereやWorkationsといったワーケーション施設プラットフォームなど、ワーケーションによって生じたニーズに対応したビジネスも活発化しています。

ホテルやコワーキングスペースなどの施設や、研修・ワークショップなどコンテンツを提供するビジネスは、自治体を中心とする地域の政策・施策と重なる部分があり、連携が必要になってくる領域です。今後はそれに加えて鉄道や航空会社などにより、地域までの移動やワーケーションに有益な情報を提供するプラットフォームづくり、あるいはマッチングなども、事業領域として展開されるでしょう。

ワーケーションによるインパクトと効用の評価

矢野経済研究所によると、宿泊・地域・研修でのインパクトを計上した国内のワーケーションの市場規模は、2020年度で699億円程度と見込まれており、徐々に拡大し2025年には3,622億円規模に達すると予測されています（図3・3）。

2020年6月にANAが中心となって「旅と学びの協議会」が立ち上げられました。そこでは「教育工学・幸福学・観光学の視点から旅の効用を科学的に検証し、旅を次世代教育の一環としての活用を提言する」こと

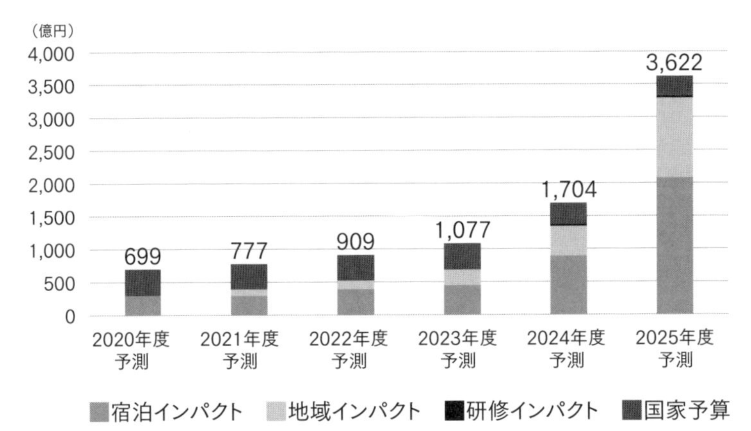

注：ワーケションとは休暇を過ごす環境に滞在しながら、仕事をする働き方全般を指す。滞在にかかるサービス（宿泊インパクト）、飲食費など日中の活動にかかるサービス（地域インパクト）、通常業務以外の研修や合宿にかかるサービス（研修インパクト）、各省庁で予算化された事業規模（国家予算）を対象として、算出した。

図3･3　ワーケーションの市場規模予測（出典：矢野経済研究所）

が目的として挙げられています[注1]。2021年6月の時点で地域、企業、学校、関連団体など約50団体が会員となり、新たな旅の教育プログラムや関係人口創出のための取り組み、旅に関するデータの活用、メディア創出や需要喚起に関する活動を展開しています。

ワーカー（個人）——働きたいように働くために

ワーカーは、個人のワークスタイル・ライフスタイルとしてワーケーションを実践しています。日本におけるワーケーションは、制度を導入する企業やプランを提案する地域の動きが注目され、ワーカー個人はそうした制度やプランを利用する受け身の存在と捉えられがちです。フリーランス人口が多かったり、長期休暇を取得しやすかったりと文脈が異なるとはいえ、個人のワークスタイル・ライフスタイルとしてワーケーションを実践する欧米のデジタル・ノマドとは対照的です。

しかし、例えば国内では、ワーケーション実践者のうち約半数が、勤務先に制度がないか、あっても利用せずに実践している「隠れワーケーター」であるという調査結果があります[注2]。ここから見えてくるのは、たとえ制度として整備されていなくても、自ら何らかの効果や興味、意欲を持って実践するワーカーたちの存在です。

コロナ禍はオフィスへと通勤し、オフィスにいることこそが仕事であるという価値観に疑問を投げ掛けるきっかけとなりました。それと同時に、テレワークが広がる中で、暮らす場所の選択肢も広がりました。毎日通勤するという制約が緩む中で、いきなり地方へ移住は難しくてもワーケーションであれば試してみたいという層は増えています。

このように「働きたいように働く」社会を実現する上で、まずはワーカーが働きたいように働いてみるはじめの一歩として、ワーケーションは大きな可能性を秘めています。

2. ワーケーションにおける企画・活動の分類

ワーケーションとブレジャー

ワーケーションではどのような活動が行われているのでしょうか。ここではワーケーションにおける活動を分類・整理していきます。

第1章で触れた観光庁による「新たな旅のスタイル」では、実施形態としてまず「ブレジャー」とワーケーションを区別した上で、その活動内容によってさらに「業務型」と「休暇型」に分類しています（図3•4）。

「ブレジャー（Bleisure）」とはビジネス（Business）とレジャー（Leisure）とを組み合わせた造語で、出張の前や後に休暇を付け足すものです。例えば月曜日に出張での仕事がある場合、土曜日からから現地に入って休暇を楽しんだり、逆に金曜日に出張の仕事が終わった後、そのまま土日もその土地に滞在して余暇を過ごしたりする活動がこれにあたります。

休暇型のワーケーションは、有給休暇やリゾートや観光地等でテレワー

図3•4　ワーケーションの実施形態分類（出典：観光庁「新たな旅のスタイル」）

クを行う「福利厚生型」という位置付けになっています。

一方、業務型のワーケーションは、地域関係者との交流を通じて地域課題の解決策を共に考える「地域課題解決型」、場所を変え職場のメンバーと議論を交わす「合宿型」、サテライトオフィスやシェアオフィスで勤務する「サテライトオフィス型」にさらに区分されます。

足し算思考からかけ算思考へ

先のような分類は一見分かりやすいのですが、課題もあります。例えば休暇型のワーケーションは福利厚生と言いつつ、勤務していることに変わりはありません。また、地域課題解決型や合宿型は活動の内容に、サテライトオフィス型は活動がなされる場所に着目した分類ですが、サテライトオフィスで合宿を行うといったことも十分に考えられるでしょう。さらに、ブレジャーと福利厚生型のワーケーションも、実際は区分が難しいはずです。

こうした混乱はなぜ生じるのでしょうか。その理由は、出張に休暇を単純に「足す」イメージのブレジャーと同じ「足し算思考」でワーケーションを捉えているからです。ワーケーションを「足す」イメージで考えてしまうと、「仕事できているのに遊んでしまう」「せっかく休んでいるのに仕事をしないといけない」「仕事と遊びの区別がつかない」といった意識が生じてしまうのです。

これまで私たちは「オン」と「オフ」や、「ワークライフバランス」と

足し算思考
ワーク ＋ バケーション
両者のバランスをどうとるか
（オン／オフ　ワークライフバランス）

かけ算思考
ワーク × バケーション
両者をどう組み合わせられるか
（旅するように働く　遊ぶように働く）

図 3･5　足し算思考とかけ算思考

いったように、「足し算思考」で時間配分を考えることに慣れてきました。しかし近年、「旅するように働く」「遊ぶように働く」といった「かけ算思考」で重ねるワークスタイル・ライフスタイルの価値観が、徐々に広がりつつあります。

ワーケーションのコツは、仕事と休暇を「かけ算思考」で重ねて捉えることにあります。つまり「ワーケーション＝ワーク＋バケーション」ではなく「ワーケーション＝ワーク×バケーション」で考えるということです(図3•5)。

かけ算思考について角度を変えてみましょう。図3•6を見てください。

足し算思考でワーケーションを捉えてしまうと、出張（仕事）と休暇をはっきり分けるか、両者をモザイク状に組み合わせるしかありません。これでは滞在期間中、どちらかが落ち着かず混乱してしまうでしょう。

しかし、ワーケーションをうまく活用している人は、仕事と休暇をかけ算思考で混ぜたり重ねたりしてこそ生まれる効果や付加価値を経験しています。したがって企画側の成否は、両者のかけ算によるメリットを経験できるプランや環境を提供できるか、そして利用者がそう捉えるように仕向けることができるかで決まります。

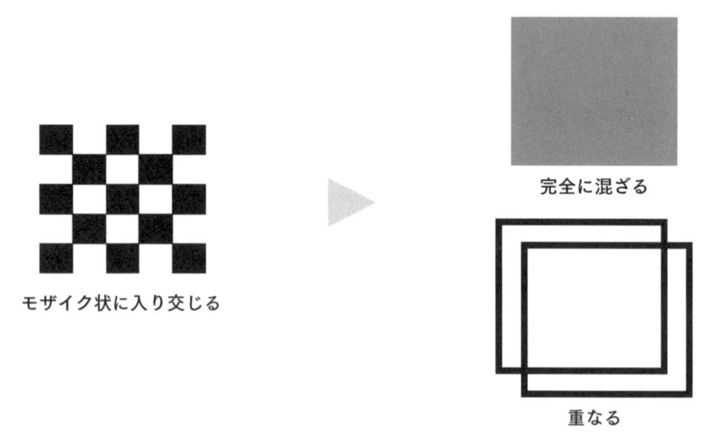

図3･6　ワーケーションの経験イメージ

バケーション・インとワーク・イン

ワーケーションをかけ算思考で考えるためのアプローチは、大きく分けると2つあります。

1つは、バケーションの観点からアプローチする「バケーション・イン」です。地域におけるこれまでの観光の魅力を踏まえつつ、それをどのようにワーク、つまり働き方の文脈と結び付け、捉え直すかを考えていくものです。

もう1つは、ワークの観点からのアプローチ「ワーク・イン」です。将来的な企業・個人の働き方を踏まえ、それを効率よく行うためにどのような環境を整えるべきなのかを、地域における観光や滞在の仕方の文脈から考えていくものです（図3･7）。

図3･7　バケーション・インとワーク・イン

主体と環境による整理：
文豪モデル／合宿モデル／趣味人モデル／コミュニティ・モデル

ここからは、かけ算思考で実践するワーケーションのモデルを2種類の仕方で整理してみます。

1つ目は、実施する主体と環境に基づいたものです。まず実施する主体

	隔離	接続
個人	**文豪モデル** オフィスから隔離されていることで集中して自分の仕事に取り組める	**趣味人モデル** オフィスとつながっていることで、自分の好きな場所で好きなことをしながら過ごす
集団	**合宿モデル** オフィスから隔離されていることでメンバーで同じ時間・場所を過ごして開発・研修などを行える	**コミュニティ・モデル** オフィスとつながっていることで、違う組織やグループが集まれ、地元の交流含めて新たな可能性を探ることができる

図 3･8　実施する主体と環境に基づいたワーケーションの分類

に着目すれば､個人と集団の２つに分かれます。そして環境に着目すれば、普段と変わらないインターネット環境があるなど「オフィスと同じ活動ができることを前提に環境を変える」立場と、逆にインターネット環境がないなど「オフィスとは異なる環境だからこそ普段とは違う活動をする」立場に分けることができるでしょう。

以上を踏まえ、主体が個人か集団か、そして環境として隔離されているか接続しているかの２つの軸でワーケーションの実践モデルを分類したのが図 3･8 です。

文豪モデル

まず個人がオフィスから隔離された環境で仕事を行うワーケーションは、小説家が温泉宿にこもって執筆をするイメージで「文豪モデル」と呼んでみます。

電話応対やメールの返信など知的思考を必要としない反復作業は「シャロー・ワーク」、企画など集中して行う知的作業は「ディープ・ワーク」と呼ばれます。SNS やメールから離れディープ・ワークの時間を確保することは、情報過多社会の中でますます重要になっています。

例えばマイクロソフト社の創業者ビル・ゲイツは、１年のうちゆっくり読書をしたり思索にふけったりする「シンク・ウィーク（Think Week）」という期間を設けているそうです。文豪モデルはディープ・ワークを行うのに適しています。

合宿モデル

このディープ・ワークを、１人だけでなく部署のメンバーやプロジェクトメンバーと一緒に行うケースも考えられます。普段はなかなか一堂に会せなかったり、集まってもまとまった時間はとれなかったりする集団が、隔離された状態でサービスやプロダクトの企画会議や開発、あるいは研修を行うワーケーションを「合宿モデル」と呼んでみましょう。

趣味人モデル

メール対応やウェブ会議への参加など、オフィスと同じ環境が必要な場合、オンラインで接続されていることは重要です。例えばサーフィンや魚釣り、山歩き、温泉めぐりなどを趣味とする人が、旅先からオフィスと同様に仕事に取り組んだり、あるいは地域の活動に参加したり、プロボノ的に地域のビジネスにコミットしたりするケースが考えられます。こうしたワーケーションを、「趣味人モデル」と呼んでみます。

コミュニティ・モデル

オンラインで接続された環境において集団的に仕事に取り組む場合、他の組織や地域の人たちとの交流や、地域のお祭のような行事・社会活動への参加、あるいは現地特有の課題解決に向けた活動などを行うケースもみられます。このように、滞在中に現地で一時的なコミュニティをつくって実践するワーケーションを、「コミュニティ・モデル」と名付けてみます。

画面との距離とコミュニケーションのあり方による整理：作業／思索／交信／交流

2つ目の分類は、画面（スクリーン）との距離と主体同士のコミュニケーションのあり方に基づいた整理です。

まず、PCでの資料作成などスクリーンに向かう活動（On Screen）であるか、会議や打ち合わせなどスクリーンから離れた活動（Off Screen）であるかが1つの軸になります。加えて、1人で集中して行う活動であるか、複数人のグループでコミュニケーションを取りながら行う活動であるかがもう1つの軸です。この2軸でワーケーションを分類したのが図3·9です。

On Screenのワーケーション：作業／交信

資料作成や企画開発、プログラミングなどスクリーンに向かって1人で集中して行う活動は「作業」です。また、地域で自分の好きな活動に取り組みつつ、オンライン会議などでスクリーンに向かってグループでコミュニケーションを行う活動は「交信」と呼んでよいでしょう。

異なる環境に身を置いていながらも、スクリーンによってオフィスがある都市の環境にいる状態と変わりがなくなる「作業」や「交信」は、環境のギャップを強調するワーケーションであるといえます。

	1人／集中	グループ／コミュニケーション
On Screen 環境とのギャップ	**作業** 執筆、資料作成など	**交信** メール対応やウェブ会議など
Off Screen 環境に浸る	**思索** 読書、構想など	**交流** チームの開発会議や地域との交流

図3·9　画面との距離と主体同士のコミュニケーションのあり方によるワーケーションの分類

Off Screenのワーケーション：思索／交流

逆に、スクリーンから離れて実際に身を置いている環境に浸ることにこそ価値を見出すワーケーションも考えられます。個人のこのような活動を「思索」と呼んでみます。またスクリーンから離れてチームのメンバーや地域の人たちと話すなどのコミュニケーションを伴うワーケーションは、「交流」と呼んでよいでしょう。

地域でワーケーションをどう位置付け、どのような活動を想定して環境を整えるのか。企業で勤務制度として導入する場合、オフィスや在宅勤務でどのような活動を想定して、ワーケーションには何を期待するのか。そして個人のワーカーはどのようなワークスタイル・ライフスタイルを希望するのか。それぞれの立場から効果的なワーケーションを考える上で、以上の2種類の分類・整理が役立つはずです。

逆に各主体が想定している活動や作業がずれていると、いくら環境やコンテンツを準備しても効果を上げることはできません。各主体における位置付けがしっかりと組み合わさることで、ワーケーションは初めて有効になるのです。

［注］

1.「旅と学びの協議会」ウェブサイト（https://ana-conference.com）
2. クロス・マーケティング・山梨大学（2021）「ワーケーションに関する調査（2021年3月度）」（https://www.cross-m.co.jp/report/workstyle/20210506workation/）

コラム

ワーケーションを普及・推進する一般社団法人

ワーケーションの普及・推進のための一般社団法人も存在感を増しつつあります。2020年7月に設立された一般社団法人日本ワーケーション協会はその代表と言えます。日本ワーケーション協会は各地でワーケーションに関するさまざまなフォーラムなどイベントを主催したり、講師を派遣したりするなど活動を行っています。2022年2月の時点で自治体、法人会員、個人会員を合わせて138の会員が参加しています。

また特徴的なのは公認ワーケーションコンシェルジュの認定を行っていることです。ワーケーションの専門家として、①ワーケーション実施者、②地域の魅力を訴求できる者、③ワーケーションに関する専門知識・技術を有する者、という3つに分類し、それぞれ理事、顧問または会員から推薦された人の中から審査、決定するとされています。2022年2月の時点で一部重複はあるものの、①ワーケーション実施者は8名、②地域の魅力を訴求できる者は45名、③ワーケーションに関する専門知識・技術を有する者は7名が任命されています。

またテレワーク川柳などで知られる一般社団法人日本テレワーク協会もワーケーションと関連したものだと言えるでしょう。他にも2019年7月に湘南エリアのコワーキングスペース事業者が共同して立ち上げた一般社団法人 Workation Network、2020年9月に空き家・雇用・環境などを軸に掲げる一般社団法人ワーケーション協会などが活動を行っています。

第4章

ワーケーション受け入れ地域・企業の取り組みから学ぶポイント

1. 既存資源の活用

1 和歌山県 —— ワーケーションの聖地をつくる

Why? 地域の特長

- 観光地としての蓄積
- ワーケーション先駆者としての先行者利益

How? 成功のポイント

- 空港の近さを活かした首都圏からの積極的な誘致展開
- モニターツアーや実証実験、ホワイトペーパーなどのスモールステップの実践

What? 重要な拠点や制度、サービス

- 白浜町 IT ビジネスオフィス
- ホテル Seamore レジデンス

Who? 主なステークホルダー

- 和歌山県企画部企画制作局情報政策課
- 株式会社南紀白浜エアポート
- ワーケーションに興味のあるワーカー

情報政策課が主導したワーケーション環境整備

和歌山県は、ビーチや温泉などが全国屈指の人気を誇る白浜、世界文化遺産の熊野古道など観光資源に恵まれつつも、訪問客の多くは関西圏からの日帰りで、時期も夏に集中していることが課題でした。

県は、情報化や企業誘致のため、2000年代初頭から、「和歌山県立情報交流センター Big•U」(2005年開設)や小学校を改装した「秋津野ガルテン」(2008年開設)、「ITビジネスオフィス」(第1ビジネスオフィスは2004年開設)など、既存施設を活用したIT企業のサテライトオフィス誘致を、企画部企画政策局情報政策課を中心として積極的に行ってきました。そして2017年からは観光を組み合わせたワーケーションのためのモニターツアーや実証実験を展開しています。

地元企業・都市部企業による推進と展開

ワーケーションを推進しているのは行政だけではありません。例えば南紀白浜空港の運営を担う株式会社南紀白浜エアポートはDMO機能を備え、首都圏在住者に向けたPRに取り組んでいます。また白浜町内のホテルSeamoreは、Wi-Fiやプリンタを備えたビジネスルームの設置や長期滞在に対応したレジデンス施設の整備を進めました。

一方、2015年には株式会社セールスフォース・ドットコムが、社員が常駐するサテライトオフィスを「白浜町ITビジネスオフィス」に開設します。さらに2019年には三菱地所株式会社が、ワーケーション利用が可能なオフィス環境として「WORK×ation Site 南紀白浜」を開設するなど、都市部の企業も、自社の働き方の改善や、新規ビジネスの開拓先として、和歌山県に展開しています。

いち早くローカライズに成功し日本型モデルを“発明”

和歌山県は「ワーケーション」という枠組みでのブランディングに注力し、国や他の自治体を巻き込むプラットフォームづくりに積極的に取り組んだことで「ワーケーションの聖地」としての地位を確立し、白浜を中心に先行者利益を得ることに成功しました。ワーケーションを仲介する「ワーケーション・コンシェルジュ」や、PRのための動画やモニターツアーなど、2020年以降に盛んにみられる一連の施策のモデルは、和歌山県白浜にあると言えます。

和歌山県のワーケーション企画・事業のポイントは、ワーケーションという世界規模のトレンドをいち早くキャッチし、それを日本や地元の文脈に合うようにアレンジし、1つの「型」をつくったことにあります。「未来を予測する最善の方法は自分でそれを発明すること」（アラン・ケイ）という言葉がありますが、和歌山県はまさに日本型ワーケーションを発明した地域だと言えるでしょう。

「白浜町 ITビジネスオフィス」のウェブサイト

「WORK×ation Site南紀白浜」のウェブサイト

2 ひがし北海道 —— DMO を中核とした体制づくり

Why? 地域の特長

- ソーシャルディスタンスを保てる豊かな自然というブランド

How? 成功のポイント

- DMO が中核となった広域の事業者ネットワーク構築や人材育成事業

What? 重要な拠点や制度、サービス

- ひがし北海道ワーケーションネットワーク
- ひがし北海道観光寺子屋
- ワーケーションポータルサイト「ひがし北海道 Style # ワーケーション」

Who? 主なステークホルダー

- 釧路市・帯広市・網走市・北見市などの自治体
- ひがし北海道自然美への道 DMO
- 長期滞在したい観光客、ワーカー
- 地域の観光・運輸事業者

ネットワークのハブにあるDMO

釧路や知床を有する「ひがし北海道」エリアでは、コロナ禍以前から自然体験を中心とした観光施策が展開されてきました。農業や畜産など自然と共生するライフスタイルそのものに魅力を感じ、その体験を期待して長期間の滞在を希望する来訪者も多く、そもそもワーケーションとの相性がよい地域でした。コロナ禍以降は、密を避けてソーシャルディスタンスを保てる地域としてのPRも行われています。

ひがし北海道におけるワーケーション企画・事業の特徴は、DMOがネットワークのハブ的な役割を担っていることです。2018年に設立された「ひがし北海道自然美への道DMO」は、地域連携DMOとして、釧路市・帯広市・網走市・北見市にわたるエリアの行政と観光関連事業者をつなぎ、観光視点から「ひがし北海道ワーケーションネットワーク」を構築しています。

地域連携DMOならではの取り組み

また観光マネジメントやマーケティングだけでなく、「ひがし北海道観光寺子屋」を立ち上げ、DMO関係者だけではなく、行政・観光協会・商工会・観光事業者・地域おこし協力隊など、さまざまな領域の人を対象に、シンポジウムをはじめ大学生のフィールドワークと連携したり、北海道大学大学院の観光学に関する講義などを行ったりするなど地域の観光人材育成やネットワーキングも活発に行っています。

また2021年4月にはワーケーションのポータルサイト「ひがし北海道Style #ワーケーション」をオープンし、ワーケーション視点での宿泊や経験についての情報を発信しています。2021年10月には場所や体験ではなくそこで出会える人にフォーカスした「道東関係案内所」というコンテンツも追加されました。

観光関係以外のステークホルダーを巻き込むアプローチ

DMO は、その使命自体が観光地のマネジメントとマーケティングにあるので、ワーケーションにおいても観光視点での地域づくりが先に立ちがちです。とりわけ企業やワーカー個人の「働く」視点を意識して取り込むことが必要になります。「ひがし北海道観光寺子屋」のようなプラットフォームを活用し、観光関係以外のステークホルダーも関与できる形で企画・事業を進めていくアプローチは、今後模索されるべきでしょう。

道東を代表する観光地である阿寒湖

「ひがし北海道 Style#ワーケーション」のウェブサイト

❸ 沖縄県 —— 新しい観光形態の創出

Why? 地域の特長

- 確立されたブランド・認知度
- 長期滞在したい観光客の存在

How? 成功のポイント

- 滞在中の消費単価を高める観光戦略への位置づけ

What? 重要な拠点や制度、サービス

- 法人向けシェアオフィス・コワーキングスペース「howlive」
- 沖縄テレワーク推進事業費補助金
- 沖縄県ワーケーション促進事業

Who? 主なステークホルダー

- 沖縄県文化観光スポーツ部
- 沖縄エリアの離島に長期滞在したい観光客やワーカー
- ホテル事業者やAirbnb

県が示したワーケーション促進の方向性

観光業が盛んなイメージのある沖縄県ですが、例えば2019年のデータでハワイと比較すると、滞在日数ではハワイの8.72日に対して沖縄は3.77日、1人当たりの平均消費額では同じく約17万円に対して約7万3,000円と、いずれも半分未満の規模にとどまります[注]。

こうした状況の中で2020年10月から始まった「沖縄県ワーケーション促進事業」では、文化観光スポーツ部を中心に、ウェルネス・ワーケーション、チームビルディング・ワーケーションの2つの方向性が示されました。さらにその中で、那覇の「オン・オフバランス型」、南部の「のんびりリラックス型」、中部の「文化刺激型」、北部の「ネイチャーリフレッシュ型」、宮古の「マリンリゾート型」、八重山の「自然体験宝庫型」の6つのモデルが提示されています。

長期滞在志向に着目も観光偏重の展開に課題

沖縄におけるワーケーションの特徴は、各宿泊施設がそれぞれワーケーションのプランを提案している点にあります。2020年以降、内閣府の助成金「沖縄テレワーク推進事業費補助金」により、大型ホテルの改修や、離島などの古民家再生などが促進され、県内にワーケーション施設が大幅に増えました。

また訪問者の立場としても、本島だけでなく宮古島や石垣島、波照間島など離島地域に滞在するには、週末では足りず、より長期の滞在がかねてから志向されていました。したがって、仕事をするというよりも、より長期間の観光を楽しむためにワーケーションを活用しようとする傾向が強そうです。

このように、沖縄県におけるワーケーションは、来訪者に長期滞在を促し、1人当たりの消費額を高めるなど、観光の高付加価値化を目指す文脈の中で展開されていることが分かります。これはワーケーションの側面のうち「バケーション」に偏っており、宿泊施設ではあくまで宿泊者へのサービスとしてワークスペースを提供する程度にとどまり、ワークスタイルやライフスタイルの提案にまでは至っていない点が課題とも言えます。

従来的な宿泊施設に閉じない環境整備へ

一方で「働く」に着目した流れも徐々に出てきています。

例えばコワーキングスペースを運営する howlive は、沖縄本島と宮古島に点在する5カ所の施設を自由に使えるプランを提供しています。宿泊施設内で完結するのではなく、施設外のコワーキングスペースとの連携がなされたり、Airbnb などホテル以外の宿泊施設との組み合わせが生まれたりしてくると、より柔軟なワークスタイル・ライフスタイルの実践が可能な環境が整います。

沖縄内で「ワーケーションの生態系」が形成されることで、従来の観光とは異なった観光の形態の創出につながることが期待されます。

注：内閣府沖縄総合事務局（2021）「沖縄観光の現状と課題」沖縄の観光振興に向けた沖縄総合事務局の取組〈http://www.ogb.go.jp/soumu/soumu_sigoto_soumubuno/011772/kankou2021〉

「howlive」のウェブサイト

❹ JTB —— 既存の観光を転換する

Why? 特長

- 既存のビジネス資源を活かした法人向けワーケーション展開
- ワーケーションの商品としてのパッケージング

How? 成功のポイント

- 蓄積したネットワークを活用する新しい領域開拓
- 外部企業との積極的な連携によるプラットフォーム構築

What? 重要な拠点や制度、サービス

- ワーケーション情報サイト「WOW!orkation STORY」
- 新たな JTB ワークスタイル

Who? 主なステークホルダー

- 連携する観光・運輸事業者
- ワーケーションに関心を持つ地域の自治体・企業

コロナ禍を契機としたワーケーション事業への期待

旅行業大手の株式会社JTBは、最もコロナ禍の影響を受けた企業の1つです。2020年11月に6,500人の人員削減や店舗縮小を打ち出しましたが、2021年3月期の決算では売上が前年比71.1%減で赤字に転落し、さらなる人員削減を進める方針を出しました。2021年9月には本社ビルの売却も行っています。

実は2019年3月には、ハワイでワーケーション事業を展開する「CAMPING OFFICE HAWAII」を株式会社スノーピークビジネスソリューションズと共同で発表するなど、JTBはワーケーション事業にはコロナ禍以前から取り組んでいました。しかし、海外旅行などの需要の回復は不透明な状況が続き、ビジネスの立て直しを迫られる中で、本業での強みを活かした新規事業として、ワーケーションへの期待が改めて高まっています。

法人向けのワンストップサービスとしての商品開発

例えば、大企業のある部門30名で現地でチームビルディングと創発型ワークショップを含むワーケーションを行う場合、移動や宿泊の手配やコンテンツ開発・実施をすべて自分たちで担うのは大変です。そこでワンストップのサービスとしてJTBは2021年4月から、日本航空株式会社(JAL)、三菱地所株式会社、株式会社スノーピークビジネスソリューションズと連携して共同開発した法人向けのオーダーメイド型ワーケーションプランの販売を開始しました。

同時に、法人向けのワーケーション総合情報サイト「WOW!orkation STORY」をオープンさせ、これまで蓄積してきた顧客である35,000超の法人と555の市区町村自治体のマッチングを図っています。サイトに設けられた自治体向けの窓口ページでは、ワーケーション企画・事業にかけるリソースの確保や、都市部の企業への営業活動に課題を抱えている自治体のニーズに応えるべく、ワーケーション戦略の設定やハード・ソフト整備の支援、さらに企業版ふるさと納税制度を活かした法人とのマッチングサービスなどを提供しています。また法人向けの窓口ページでは、企業におけるワーケーション導入のメリットや活用事例が紹介され、イメージをつかめる情報が提供されています。

並行して自社内のワークスタイル改革も

ワーケーションを新たな観光ビジネスとして展開するのと同時に、自社内においても、柔軟な働き方の導入を進めています。2020年10月には「新たなJTBワークスタイル」を発表し、テレワークをベースとして転勤を求めない「ふるさとワーク制度」や「勤務日数短縮制度」、「副業ガイドライン」や「テレワーク勤務制度」の拡大といった勤務制度改革を定めました。

JTBによるワーケーションへの取り組みの特徴は、旅行大手としてビジネスチャンスと捉え、他社と積極的に連携を進めるとともに、中長期的には自社の組織改革や既存の観光スタイルの転換も射程に入れている点にあると言えます。

「WOW!orkation」のウェブサイト

2. 関係人口増加・移住促進との連動

1 鳥取県 —— 副業推進・連携による関係人口創出

Why? 特長

- ワーケーション自治体第二世代エリアとしての積極的な施策・情報発信

How? 成功のポイント

- 関係人口と副業を軸とした施策の展開

What? 重要な拠点や制度、サービス

- リノベーション拠点「OOE VALLEY STAY」「隼 Lab.」
- ふるさと来LOVE(クラブ)とっとり関係人口創出事業

Who? 主なステークホルダー

- 鳥取県ふるさと人口政策課関係人口推進室
- 株式会社スノーピークビジネスソリューションズ
- 副業を試したいワーカー
- ファミリーワーケーションをしたいワーカー
- 副業人材と連携してビジネスを活性化させたい地域の企業

多様な働き方ができるまちとしての評価

ワーケーション自治体協議会の役員自治体でもある鳥取県は、ワーケーション実施企業支援事業費補助金、ワーケーションプログラム造成事業費補助金、ワーケーション拠点整備事業費補助金などによる支援のほか、ワーケーション・コンシェルジュの設置、鳥取までの航空賃を助成する鳥取県国内便エアサポートなど、さまざまなワーケーション推進施策を積極的に打ち出してきました。

2021年7月に発表された「多様な働き方ができる自治体」調査では、Wi-Fi環境や徒歩生活圏の充実などが評価され、石川県小松市に次ぐ2位に、鳥取県鳥取市がランクインしています[注]。鳥取県はこうした環境を活かすべく、ふるさと人口政策課関係人口推進室を中心として、地方での副業や交流、家族ぐるみの滞在など、都市部のワーカーが抱くニーズを意識した環境づくりを進めています。

副業をしやすい環境整備

ワーケーション利用を想定した主な拠点には、廃校になった小学校の校舎をそれぞれ事業者がリノベーションして運営している「隼Lab.」や「OOE VALLEY STAY」（いずれも八頭町）があります。後者は、2020年8月に株式会社スノーピークビジネスソリューションズが研修やオフサイトミーティングで活用できる施設として展開する全国15カ所の「Camping Office」に、中国地方で初めて登録されました。

注目したい県の事業としては、2021年に副業・兼業など多様な仕事を通した外部人材との関わりやファミリーワーケーションの推進を掲げてスタートした「ふるさと来LOVEとっとり関係人口創出事業」が挙げられます。

これは、ワーケーションや副業・兼業等の働き方の変化へのニーズや若い世代を中心とした地方への関心の高まりを受け、幅広い分野での人材誘致の取り組みを強化し、多様な地域との関わりを促進することを目指した取り組みです。その中で、ファミリーワーケーションを推進すべく方策の提言やモニターツアー実施、成果発信のため今村茜さん（第5章で紹介）を外部の副業人材として採用しています。

関係人口拡大と移住促進を目指して地域内連携へ

コロナ禍以前からワーケーションに取り組んできた和歌山県や長野県をワーケーション自治体の第一世代だとすると、それを受けて積極的に展開する鳥取県は第二世代として存在感を示しています。

関係人口の拡大と移住促進を軸とした展開が鳥取県のワーケーション企画・事業の特徴ですが、今後は鳥取市や、鳥取商工会議所、麒麟（きりん）のまち観光局（DMO）との「とっとりワーケーションネットワーク」を設立し、地域内連携を高める動きも見せています。

注：「多様な働き方できる自治体、『10万人都市』上位」日本経済新聞2021年7月21日
〈https://www.nikkei.com/article/DGKKZO74074220R20C21A7MM8000〉

「OOE VALLEY STAY」のウェブサイト

Part II
第4章
ワーケーション受け入れ地域・企業の取り組みから学ぶポイント

2 長崎県五島市 —— 離島の魅力を活かした移住促進

Why? 特長

- 「遠さ」を活かした魅力構築

How? 成功のポイント

- 移住を軸にした施策の展開
- 企業とのコラボレーションによる異色な企画

What? 重要な拠点や制度、サービス

- リモートワーク実証実験
- 五島ワーケーション・チャレンジ

Who? 主なステークホルダー

- ビジネス・インサイダー・ジャパン
- 五島市地域協働課
- Slack Japan 株式会社
- 東京から離れた地域との交流や社会課題解決に関心を持つワーカー
- 観光閑散期のニーズを見出したい観光事業者

移住者が集まる離島地域

長崎県・五島エリアは、2018年に「長崎と天草地方の潜伏キリシタン関連遺産」として世界遺産に登録され、注目を浴びつつあります。五島市では、住民の少子高齢化が進む一方、20～30代を中心としたU・Iターンが活発で、2019年、2020年と2年連続で移住者は200人を超え、社会増も2年連続になっています。

メディアやテック企業と連携した「リモートワーク実証実験」

五島市では、地域協働課が中心となってワーケーション事業を進めています。

2019年5月、ビジネス系ウェブメディア「ビジネス・インサイダー・ジャパン（Business Insider Japan）」主催の下、市が協力する形で、東京から離れた場所でどれくらい・どのように仕事ができるのか、また子連れのテレワークはどうなるのかなどをテーマにした「リモートワーク実証実験」が行われました。

3泊以上の参加で交通費・宿泊費は自己負担との条件にもかかわらず、30名の定員に対して150名近くの応募があり、最終的には定員を増やし約50名が参加しました。参加者は事前に東京で説明会に足を運び、自分たちの働き方の課題や滞在についての要望などを話し合う機会を持ちました。

現地ではモニターツアーは開催されず、各自が自由に地域を見て回る形がとられたほか、「ポットラック・パーティー（持ち寄りパーティー）」も開催されました。地元や主催者がすべて準備してもてなすのではなく、参加者自らも持ち寄ってお互いに交流することをねらった企画です。

この実証実験は、メディアの主催により感想がウェブ上で広く目に触れる仕組みになっていたこと、そしてテクニカルパートナーとして参画したビジネスツール大手Slack Japan株式会社によるプロジェクト進行やコミュニケーションのサポートを受けられたことが大きなポイントでした。リモートワークで重要になるビジネスツールを扱う企業からの協賛を得ることは、ワーケーション事業を展開する際に有効なアプローチでしょう。

こうした工夫が実を結び、事業終了後に参加者が島内のさまざまな課題やチャンスを見つけ、Webマーケティング会社、引越しサービス会社、障がい者の在宅雇用を支援する会社、企業研修、人材育成会社など4つの新たな事業を立ち上げました。その他にもコワーキングスペースや長期滞在ができる施設が整備され、サテライトオフィスとして利用できる滞在型施設の建設が進んでいます。

明確なターゲット設定による地域課題解決との接続

その後、2020年1月にはキャッチフレーズとして“あえて真冬の五島であいましょう”が掲げられた「五島ワーケーション・チャレンジ」という企画が行われました。

真冬でほとんど娯楽がない中でどのように楽しめるかという閑散期における観光対策という側面を帯びつつも、観光が主眼ではない地域課題解決型ワーケーションであることが打ち出されました。参加者に対しては、3泊以上の長期滞在と交通費・宿泊費の自己負担や東京での事前説明会への参加という実証実験と同様の条件に加え、五島の地域課題に対し継続的にビジネススキルや知識を提供することができることなど、いくつかの条件が新たに設定されました。

五島市の取り組みからは、誰でもいいからとにかく来てもらおうとするターゲット設定の曖昧な移住施策ではなく、どのような人に来てほしいのかを明確に提示し、それを踏まえて移住を検討してもらえる仕掛けや支援を行う姿勢が垣間見えます。

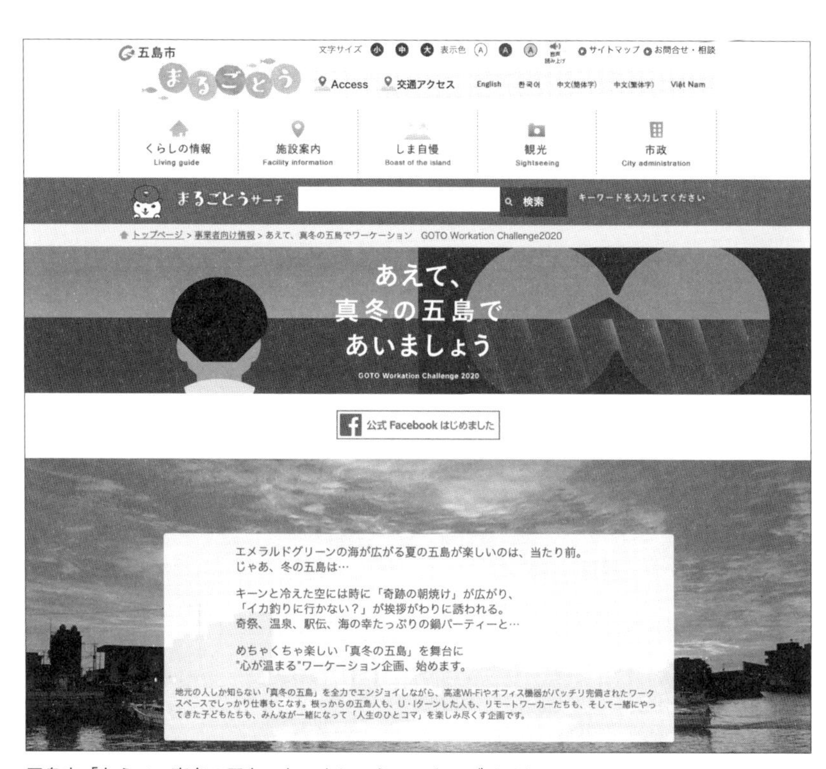

五島市「あえて、真冬の五島であいましょう」のウェブサイト

❸ HafH ——「泊まる」と「住む」をつなげる

Why? 特長

- 定額制（サブスクリプション）モデルの活用

How? 成功のポイント

- 関係人口以上移住未満のライフスタイル・ワークスタイル実践者の囲い込み・コミュニティ化
- 移動サービス事業者を中心とした多様・柔軟な連携

What? 重要な拠点や制度、サービス

- 定額制宿泊サービス

Who? 主なステークホルダー

- 提携している宿泊施設
- アドレスホッパー
- 出張の多いワーカー
- 気分を変える場所が欲しいワーカー
- JR、JAL、ANA など移動サービス事業者

ビジネスマンのハードルと宿泊施設のニーズをマッチング

旅行や出張のハードルやストレスとなる宿泊先の手配や長期滞在時の物件探しは、ワーケーションを実践するにあたっても同様です。そこに新たなビジネスチャンスを見出しているのが、株式会社 KabuK Style の運営する定額制宿泊サービス「HafH」です。HafH は「日本サブスクリプションビジネス大賞 2021」のグランプリも受賞しています。

2019年4月にサービスを開始し、2021年6月の時点で世界36の国と地域、521 都市に展開しています。HafH と提携しているホテルなど宿泊施設は全国に 1,000 近くあります。月 1 泊で 2,980 円、5 泊で 15,800 円、上限なしで 82,000 円です（2021 年 9 月時点）。これらのプランによって HafH コインが付与され、施設・部屋によって必要なコインが異なります。余ったら翌月に持ち越すこともできます。宿泊施設をその都度予約したり、アパートを短期で借りたりする場合と比較しても利用しやすい料金設定です。

HafH の利用者は、30 代以下が 76% と若者が中心です。また属性はフリーランスが 29% に対して会社員が 41%、経営者・役員が 11% となっています。いわば「泊まる」と「住む」をつなげるサービスであり、さまざまな場所を転々として暮らす“アドレスホッパー”のライフスタイルに適したサービスですが、必ずしも自由に移動できるデジタルノマド的な人だけが利用しているわけではないことが分かります。

なお、平日利用が 65% となっており、土休日以外を埋めたいという宿泊施設のニーズも満たす形になっています。

移動サービスと連携して付加価値を高める

HafH は、様々な移動サービスと連携してワーケーションの実証実験にも積極的に参画しています。

例えば2020年9月からはJR西日本と提携し、会員がJRチケットを40～50%オフで利用できるプランを展開しています。また同時期に、月額3万円で4回搭乗可能なサービスを提供する全日本空輸株式会社(ANA)の定額制航空券サービス実験と連携しました。

さらに2021年7月にはJALと連携し、3往復と3泊分を3万6千円で提供する「航空サブスクサービス」の実証実験を実施しています。この実験と連動しつつ、旅をテーマにしたウェブメディア「TABIPPO」と共同展開しているのが「つながる余白をつくる旅」と題したプロジェクトです。これは、釧路・南紀白浜・金沢・高知・長崎の5都市で独自のテーマを掲げたイベントを企画し、HafH利用者同士や各地域の人との交流を図るものです。

関係人口以上・移住未満の送客は地域にとってチャンスに

HafHは、ユニークなキャンペーンや企画などによって、これまでの旅行会社とは異なった形で各地への送客に関与するようになっています。HafHが可能にしているのは関係人口以上・移住未満のワークスタイル・ライフスタイルです。

地域にとって、同サービスを利用して来訪する会員は、交流人口から関係人口へ、そして関係人口から移住へ、というプロセスにおいて、短期滞在の観光客とは異なるコミットが期待でき、さらには潜在的に移住の可能性を持つ人たちとして捉えることができるでしょう。

「HafH」のウェブサイト

3. モビリティへの注目

1 静岡県・伊豆 ―― MaaSと連動したワーケーション

Why? 特長

- 観光型MaaSによる体験価値の提供

How? 成功のポイント

- 二次交通から整備するワーケーション環境

What? 重要な拠点や制度、サービス

- 観光型MaaS「Izuko」

Who? 主なステークホルダー

- 東急電鉄株式会社・伊豆急行株式会社
- 株式会社東急シェアリング、株式会社リゾートワークスなど宿泊事業者
- 地域の交通事業者
- 「足」を確保したい地域住民

二次交通の課題にアプローチする観光型MaaS

長期に滞在しつつも定住するわけでないワーケーションの滞在スタイルを、自家用車の利用が中心の地域で実践しようとする際、課題となるのが二次交通です。この課題を解消するアプローチで有効なのが「MaaS」です。MaaSとは“Mobility as a Service”の略で、スマートフォンのアプリなどから様々な交通手段を統合的に検索・予約・決済できる仕組みを指します。

最近では、交通手段だけでなく観光施設とも連動した「観光型MaaS」と呼ばれる仕組みが徐々に広がっています。ワーケーションにおいても、事業者や自治体にとってはデータの収集による分析や新たなサービスの開発に、また利用者にとってはスキマ時間も含めた柔軟なスケジューリングにメリットがあります。

地元の交通不便のスパイラルと域外からの期待

観光型MaaSを導入している地域の代表例が、静岡県・伊豆エリアです。もともと観光地、別荘地として人気のあるエリアですが、高齢化・過疎化が進んだことで、バスやタクシーなど地域の交通事業者が利用者減に苦しみ減便を余儀なくされ、不便になったために観光客の足も遠のく、といった負のスパイラルが続いてきました。

一方で、東京へのアクセスの良さから、ワーケーションに有望なエリアとしての伊豆への期待は高まり、2020年2月に静岡県と東急電鉄株式会社・伊豆急行株式会社がワーケーション推進協定を締結。同年12月には、株式会社東急シェアリング・株式会社東急ホテルズ・株式会社コスモスイニシア・株式会社リゾートワークスが連携し、観光型MaaS事業とワーケーションを組み合わせた実証実験をスタートさせました。

20～30代のIT企業ワーカーをターゲットとした展開

伊豆エリアにおける観光型MaaSとして東急が開発・展開しているサービスが「Izuko」です。伊豆半島の鉄道やバス、レンタサイクルなどの交通機関と観光・飲食を連動させた日本初の観光型MaaSとして2018年9月にリリースされ、2019年4月から段階的に連携先を増やしながら実証実験が行なわれてきました。

Izukoがターゲットとしているのは、ワーケーションを実践する20～30代のIT企業のワーカーです。この年代に合った使いやすさや割引サービスなどを実装し、特に東伊豆におけるワーケーションの推進を目指しています。将来的にはコワーキングスペースなどの一時利用検索・予約・決済システムの導入も見込まれます。

2020年10月から2021年4月まで交通・観光チケットの事前購入やクレジットカードだけではなく、モバイルSuicaや楽天ペイを導入して利便性を高め、さらに対象となるサービスエリアやその種類を、フェーズ2の6倍にあたる125種類にまで増やしたフェーズ3の実証実験が行われました。

それまでのフェーズとは異なり、コロナ禍の中での実施のためチケット販売数自体は減少していますが、一方で新たにワーケーション施設と連携し、ワーケーションのニーズを掘り起こす取り組みも始めました。

ワーケーションのための環境づくりとして、Wi-Fi環境やワークスペース、あるいは研修や社会活動などのコンテンツ企画にとどまらず、MaaSの視点に立った移動環境の整備も重要です。Izukoは現状ではまだ観光の文脈での実証実験が続く段階ですが、今後定着していく中で観光需要だけではなく、地域住民の足となる公共交通機関維持にもつながることが期待されます。

「Izuko」の案内リーフレット（出典：Izukoの Facebookページ）

❷ ANA —— 既存の「旅」からの転換

Why? 特長

- 「旅」の体験価値の変容

How? 成功のポイント

- シェアリングエコノミーや定額制モデルの積極活用
- 分社化などの組織改革
- ネットワーキングによるワーケーションの生態系創出

What? 重要な拠点や制度、サービス

- ポータルサイト「ANA シェア旅〜 Look for your style 〜」
- 旅行プランニングサービス「Journey+」
- 旅と学びの協議会

Who? 主なステークホルダー

- ANA の運行地域
- ANA あきんど株式会社
- 地域の観光事業者
- 新しい移動や旅の体験を求めるサービス利用者

コロナ禍でもたらされた移動の大幅な縮小

コロナ禍はテレワークの拡大や首都圏への一極集中の再考を促し、地域で働き、過ごし、住むことの見直しの契機ともなりました。人口減少とそれに伴う人口流動の減少による地方航空路線の国内需要の縮小は以前から懸念されていましたが、コロナ禍がそれに追い打ちをかける形で移動自体の大幅な減少をもたらしています。

既存事業の整理とワーケーションへの展開

2020年度の決算で売り上げが前年度比63％減となったANAは、機材の見直しや社員の外部出向などでコスト削減を図る一方、移動そのもの以外でのビジネス展開も探っています。その1つが、地域との連携や社会課題解決を志向するワーケーションです。

2020年9～11月には定額制宿泊サービス「HafH」と連携した定額制航空券サービスの実験を行ったほか、同11月には体験プログラム参加とワークスペース利用と宿泊をセットにした「ANAふるさと発見プログラム」を発表し、ワーケーションへのニーズに応えるビジネスを展開しています。さらに2021年4月にはマイレージや旅行事業を再編し、地域創生・航空セールス領域を取り扱う「ANAあきんど」が株式会社として分社化し、地域創生事業に取り組んでいます。

実験的な事業の連続的な試行とネットワーク化の意義

旅や移動の新たな価値を探る試みは、ANAがコロナ禍以前から積極的に行ってきたものです。

例えば2018年9月には、ポータルサイト「ANAシェア旅～ Look for

your style ～」を開設し、個性的な宿やその土地ならではの経験、旅行中のペットサービスなどシェアサービスを活用した旅や移動のあり方を提供しました。2019年12月からは、シェアリングサービスの利用だけでなく提供するオプションも加えられました。また2019年7月からは、旅行を通じて地域での課題解決を図るプランニングサービス「Journey+」を展開しています。

また2020年6月からは、大学教授ら有識者をコアメンバーとして旅の教育プログラム開発や旅に関するデータの科学的検証を目指す「旅と学びの協議会」を事務局として運営しています。移動や観光、教育、広告などに関わる企業・団体・地方自治体・教育機関など約50の団体が参加（2021年6月時点）し、地域の体制・人材育成支援、能登でのスタディツアー、鳥取でのファミリーワーケーションなどさまざまな活動を展開しています。以前から行われていた様々な動きをとりまとめ、ネットワーク化した点にソーシャルインパクトとしての意義があります。

経営上の必要性を超えて実験的な事業も積極的に展開し、ステークホルダーのネットワーク化を推進するハブとなっているANAは、市場としてのワーケーションの生態系をつくり、移動の価値を維持・アップデートしつつあると言えるでしょう。

「Journey+」のウェブサイト

3 JR 西日本 —— 移動そのものの価値を見出す

Why? 特長

- 「鉄道のある暮らし」としてのワーケーションの提示

How? 成功のポイント

- 既存資源と外部連携を活かした移動とそれ以外のサービスの接続

What? 重要な拠点や制度、サービス

- 家族向けサービス「おためし地方暮らし」
- ワークプレイス・ネットワーク

Who? 主なステークホルダー

- 移住を検討しているファミリー層
- HafH、ADDress など定額制居住サービス事業者
- 移住者を増やしたい JR 西日本エリアの自治体

コロナ禍を機に地方への移動を伴う「暮らし」の提案へ

移動の制限を強いられるコロナ禍は、鉄道会社にもビジネスの根幹に関わる大きな打撃を与えました。西日本旅客鉄道株式会社（JR西日本）は、新幹線や定期利用などの減少もあり、2020年度は2,000億円を超す赤字となっています。

JR西日本は2021年3月に「鉄道のある暮らし」というコンセプトを掲げ、鉄道と各種サービスを組み合わせて、移動そのものの価値を高める打開策を打ち出しています。ワーケーションに代表される、地方への移動を伴う新たなワークスタイル・ライフスタイルを提案する事業も、その柱の1つです。

2020年9月には、岡山・広島（尾道・福山）・白浜に移動するHafH、ADDressの利用者を対象として、40%割引の切符を発売する実証実験「JR西日本×住まい・ワーケーションサブスク（HafH得ワーケーション）」を行いました。2021年4月には対象エリアに金沢・福井・下関などを追加したほか、同5月には自社グループのホテルも提携施設に加えています。

移住も期待できる長期滞在をサポートする事業展開も

地方でテレワークをしつつ、都市部への出社も可能なワークスタイルへの関心は今後も高まることが予想され、鉄道が果たす役割は小さくありません。そこで、より長期間の地域滞在を提案する事業も展開しています。

2021年6月から開始された新事業「おためし地方暮らし」は、“仕事はそのまま、ローカルに暮らし、ときどき出社”をコンセプトに掲げています。2人以上の家族向けに、JR線の鉄道利用やレンタカーのサブスクリプション利用の提供や、モバイルWi-Fiルーターのレンタルといったサポートを行いながら、兵庫県丹波篠山市・京都府南丹市・滋賀県高島市での、短期（1カ月～3カ月）または長期（6カ月～10カ月）滞在を提案するサービスです。同社にとっては利用客の減少に直面するローカル路線の維持につながり、各自治体にとっても移住者増への期待が高まります。

このほか、関西エリアの拠点駅である大阪駅や三宮駅の中核となるオフィス、周辺のコワーキングスペースやホテルの空室、ブース型ワークプレイスなど、様々な形式のワークプレイスをネットワークとして構築する試みも、郊外や地方都市も含めて展開しています。

移動の再定義による新しい沿線開発に向けて

JR西日本の取り組みは、アフターコロナを見据えてビジネスの再構築が求められる中で、通勤・通学・旅行など日々のミクロな移動に対応しつつ、移住などマクロな移動にも対応しようとするものです。

通勤・通学や旅行などの輸送だけではなく、沿線の開発によって地域の付加価値を高める戦略は、これまでも鉄道会社によって行われてきました。ワーケーションへの注目の高まりは、両者を結びつけつつ、移動そのものの価値を改めて定義する契機になっていると言えるでしょう。

「おためし地方暮らし」のウェブサイト

「HafH得ワーケーション」のウェブサイト

4. 場・コンテンツの創出

❶ 長野県 —— エリア連携によるリゾートテレワークの展開

Why? 特長

- 広域連携による各地域の個性と県全体の個性との融合

How? 成功のポイント

- 特長の異なる地域や施設が共感できる枠組み整備

What? 重要な拠点や制度、サービス

- シェアオフィス「富士見町森のオフィス」「信濃町ノマドワークセンター」
- ワーケーションスペース「Workation Hakuba」

Who? 主なステークホルダー

- 長野県産業労働部産業立地・IT 振興課
- 東京に近いエリアでワーケーションをしたい企業やワーカー
- 都市部企業・ワーカーとの連携を期待する地域内事業者
- ワーケーション事業に取り組む県内自治体やホテル事業者
- 各ワーケーション施設

産業振興系の部局が主導するワーケーション施策

居住地としてはもちろん、観光地や別荘地としても多くの人を惹きつけてきた長野県は、コロナ禍以前から、東京から近くも遠くもない距離を活かしたテレワークによるワークスタイルを「信州リゾートテレワーク」と銘打ってきました。

取り組みの中心は産業労働部産業立地・IT振興課で、観光の要素を含みつつ、企業のイノベーションや人材確保・育成、さらに従業員のウェルビーイングやクリエイティビティの向上などに主眼を置いた施策の展開が特徴です。

充実した拠点整備と地域内の取り組み

長野県は2019年に和歌山県とWAJを主導し、ワーケーションの全国的な展開で中心的な役割を果たしてきました。2020年11月にはワーケーションフォーラムと信州リゾートテレワーク体験会を開催しています。

県内の施設整備も進んでおり、「富士見町森のオフィス」（2015年開設）や「信濃町ノマドワークセンター」（2019年開設）などのシェアオフィスだけでなく、「Workation Hakuba」（白馬樅（もみ）の木ホテル内）のように宿泊施設にもワーケーションを意識したスペースが設けられるなど、計40カ所以上のリゾートテレワーク拠点が存在しています。また軽井沢プリンスホテルが2020年3月からワーケーション・プランを販売し積極的な展開をみせています。こうした情報も「信州リゾートテレワーク」のウェブサイトで検索可能です。

県内それぞれの市でも特徴的なワーケーションが推進されています。千曲市では2019年10月にワーケーション体験会が開催され、それ以降も定期的に約1週間のワーケーション・ウェルカムデイズ（WWD）が開催されています。また立科町では観光よりもワークの文脈を強く掲げ、ワーケーション・コンシェルジュによるサポートを提供する「立科 WORK TRIP」と題した取り組みも行われています。

広域自治体によるワーケーション支援は包括的な視点が重要

長野県には、ほかにも松本市・塩尻市・安曇野（あずみの）市など、それぞれ独自のブランド的魅力を備えた地域が多く、自治体主導や施設主導によるワーケーションの受け入れが盛んです。

長野県による「信州リゾートテレワーク」というブランディングは、各地域の取り組みを包括的に支援しようとするものです。県単位で広域的なワーケーション企画・事業を進めていく際には、個々の施設や施策への支援だけでなく、それらを包括し、それぞれの地域、施設が共感できる枠組みの整備やネットワーク化への意識がポイントになります。長野県の事例はその好例と言えるでしょう。

「立科 WORK TRIP」のウェブサイト

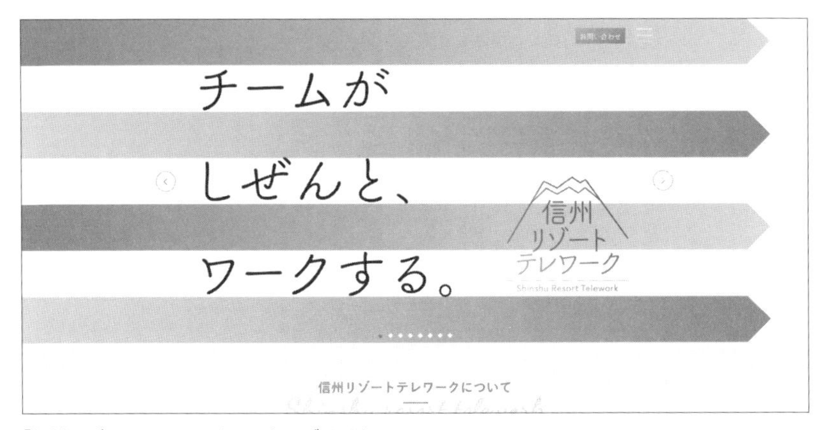

「信州リゾートテレワーク」のウェブサイト

2 三菱地所
—— イノベーション・生産性向上のための拠点をつくる

Why? 特長

- ビジネス利用に特化したワーケーション施設開発・運営

How? 成功のポイント

- ビジネス拠点開発のノウハウやネットワークの活用

What? 重要な拠点や制度、サービス

- イノベーション創出特化型オフィス「WORK×ation Site」

Who? 主なステークホルダー

- イノベーション創出を期待できるワーケーションを求める企業・ワーカー
- 施設運営で土地の有効活用を期待する地域

企業による利用に特化した拠点展開

コロナ禍により、企業が本社を東京から地方に移転したり、本社ビルを売却するケースが多く見られるようになりました。それに伴い、都心部のオフィスやオフィス街のあり方も見直しが迫られています。丸の内や大手町などに多くのビルを所有し、エリア開発も行ってきた三菱地所の事業展開も、コロナ禍が働き方・働く場所にもたらした変化によって大きな影響を受けています。

三菱地所はコロナ禍以前から、ワーケーション事業に取り組んできました。柱となっているのが、"イノベーション創出特化型オフィス"を掲げる「WORK×ation Site」の開設・運営です。

「WORK×ation Site」は、基本的に1社・1日・1棟単位で利用を受け付ける拠点で、個人単位の一時利用というよりも、企業の部署・チームでの集中的な開発合宿やオフサイトミーティング、CSR活動などでの利用が想定されています。1カ所目を2019年5月に和歌山県白浜に開設後、コロナ禍によるワーケーションの拡大と並行しながら、2020年7月には軽井沢に、2021年5月には熱海に、同7月には伊豆下田に、同10月には箱根湯本にそれぞれ展開しています。このうち「WORK×ation Site 軽井沢」は、2021年のグッドデザイン賞に選ばれました。

自ら実践することで高まる開発事業の説得力

バケーションではなくワークの視点から捉えたワーケーションの事業化を進める三菱地所の強みは、都心部の企業の働き方改革やリモートワーク、またイノベーション創発など働き方・働く場所へのニーズを押さえているところにあります。また2018年に東京・大手町に新設した本社ビルでは、典型的な島型のレイアウトを採用せず、共用スペースを広げ、カフェスペースや仮眠室も設けるなど、いわゆるクリエイティブオフィスにおけるワークスタイルを自社内で実践しています。

どのような空間、環境で生産性が上がり、イノベーションが創発されるのか。それを自ら探り、実践している姿勢が、ワーケーション施設の開発や営業においても説得力になっているのです。

領域間の異業種連携は価値創造のチャンス

なお、現地での交流や移動の手配などの業務は自社では行わずにJTBに委託する形を取り、「ワーケーションポータルサイト」で現地での移動や宿泊、アクティビティの手配などをワンストップで行える環境を提供しています。またJTBの事例でも見たように、2021年4月には三菱地所・JTB・スノーピークビジネスソリューションズ・JALが連携してオーダーメイド型のワーケーションプランを販売しています。

このように、施設の開発・運営、移動や宿泊の提供、現地でのアクティビティ実施など、それぞれの領域において異業種連携を進めることは、課題であるとともに新たな価値創造のチャンスにもなっています。

「WORK×ation Site軽井沢」のウェブサイト

❸ 日本能率協会マネジメントセンター（JMAM）
―― 社員の学びにつながるコンテンツをつくる

Why? 特長

- 越境学習としてのラーニング・ワーケーションの開発・展開

How? 成功のポイント

- 事前・事後学習による滞在価値の向上と学びの深化

What? 重要な拠点や制度、サービス

- ラーニング・ワーケーションプログラム「here there」「Club there」「ことこらぼ」

Who? 主なステークホルダー

- プログラムを受け入れることで地域を活性化させたい自治体
- 地域への参画経験を通してリーダーシップ涵養や新規事業開発などを目指す企業・ワーカー
- 都市部の企業・ワーカーとのコラボによって新規事業を開発したい地域の事業者

ワーケーション先で実施すべき活動とは？

ワーケーションにおいて地域での交流や社会活動は重要ですが、そのコンテンツづくりやファシリテーションを誰がどのように行うべきなのか。受け入れる地域はもちろんのこと、実践する企業や個人にとっても悩ましい課題です。

主に人材育成のための研修プログラムを提供する株式会社日本能率協会マネジメントセンター（JMAM）は、それを「ラーニング・ワーケーション」と銘打って展開しています。ラーニング・ワーケーションの背景として、本書でもすでに紹介した「ワーケーション 2.0」と「両利きの経営」を挙げています。両利きの経営とは、今まで取り組んでいなかったことにチャレンジする「知の探索」と、自分の持っている領域の深堀りと磨き込みを行う「知の深化」とがあり、その双方をバランスよく行うことを指します。ワーケーションを、非日常を経験する越境学習の１つであり、かつ「知の探索」を行うものとして、プログラムを提供しています。

越境学習や人材のコラボレーションを取り入れた設計

代表的なプログラムが、法人向けの「here there」です。これは東京での座学と国内外さまざまな場所での実地体験による学びを相互に行う、いわゆる越境学習を軸としたワーケーションプログラムです。和歌山県の熊野古道や捕鯨文化、岩手県の震災復興やサーキュラー・エコノミー、鳥取県の鳥取砂丘、新潟県妙高の妙高山麓一帯の自然、高知県の土佐山アカデミーなどをフィールドに、３泊４日の日程で実施されます。同時に、１年間かけて取り組む「here there」をコンパクトにした「Club there」も展開しています。これは３泊４日のワーケーションに事前・事後の研修を行うものです。

また「ことこらぼ」は、多様な業種・職種の人によるチームが約4カ月にわたってローカルイノベーターと協働し、地域課題を解決するビジネスを実践するプログラムです。例えば2021年は、和歌山県田辺市の「たなべ未来創造塾」とのコラボレーションにより、ローカルイノベーターが提示した“地域のスポーツ人口を増やす仕組みを構築する”などの課題に取り組みました。

少数精鋭の人材が集うプログラムは受け入れ地域にも好機

このように、JMAMが展開するワーケーションのプログラムは、リーダーシップやマネジメント、新規ビジネス開発などをテーマに自社の人材育成を図る企業を対象としつつ、従来的なケーススタディ型の研修プログラムの域を超える価値を提供しようとするものになっています。

いずれも少人数で実施されるものですが、社会課題の解決に熱意を持っている人ばかりが参加します。付け加えると、少人数に限定しているためにオーバーツーリズムの懸念もなく、また観光資源に乏しい地域でも、逆にそれが課題としての魅力にもなりえます。課題解決や新規事業開発のきっかけとしてワーケーションを捉えている地域の行政や事業者にとって、歓迎したい要素のそろったプログラム設計になっていると言えるでしょう。

「ことこらぼ」のウェブサイト

5. テクノロジーの導入

1 兵庫県神戸市 ―― スマートシティ戦略への位置づけ

Why? 特長

- スマートシティにおけるワークスタイルとしてのワーケーション

How? 成功のポイント

- 従来の別荘地を活かした都市近接のワーケーション
- スタートアップなど小規模ビジネスへの注目

What? 重要な拠点や制度、サービス

- ビジネス交流拠点「ROKKONOMAD（ロコノマド）」
- クリエイター向け滞在制作プログラム「ワークインレジデンス」
- 宿泊コテージ「renest（リネスト） a Holiday Home」

Who? 主なステークホルダー

- スマートシティ構想を進めたい神戸市
- リブランドを期待する六甲山エリア
- 非日常的な環境で仕事をしたいスタートアップやフリーランス

伝統を活かしつつリブランドする

2020年11月から神戸市スマートシティ推進会議を始動した神戸市は、スマートシティを推進する施策の1つとしてワーケーションを位置づけている点に特徴があります。

その象徴的なエリアが六甲山です。昔から別荘地や行楽地として知られる六甲山は1956年に国立公園に指定され、別荘や企業の保養所も多く建てられましたが、バブル崩壊後の経済不況で空室化が進み、国立公園ゆえの規制により再開発が遅れてきました。

転機となったのが、2020年5月に策定された「六甲山上スマートシティ構想」でした。それまでの規制を緩和しつつ、先端テクノロジー環境と自然調和型オフィスを整え、ビジネス創造拠点としていくこと、そこで想定される新しい働き方としてワーケーションを位置づけることなどが謳われています。

企業保養所のリノベーションによる拠点整備

2021年3月開設の「ROKKONOMAD」は、前述の構想の一環として、六甲山上にあった企業保養所をリノベーションして整備されたビジネス交流拠点で、六甲山スマートシティ運営共同事業体（株式会社いきいきライフ阪急阪神と有限会社Lusie［神戸R不動産］）によって運営されています。

都市部から30分〜1時間程度というアクセスのよさを活かし、リフレッシュした気分で創造や集中などディープ・ワークに取り組めるスペースとして、日帰り利用だけでなく、宿泊利用も可能になっています。

また、35歳以下の若手クリエイターを対象に、2〜4週間の滞在制作を支援するプログラム「ワーク・イン・レジデンス」も提供されています。小説家・翻訳家・写真家・建築家・映像作家・イラストレーター・デザイナー・料理人などが想定されており、事前に審査を受ける必要があります。滞在中はレジデンス・マネージャーが神戸での人脈づくりのためのプレイヤー紹介などサポートを行います。

ROKKONOMADの近隣にある宿泊コテージ「renest a Holiday Home」も、企業保養所をリノベーションしたワークスペース「a Fresh Start」を2021年7月に開設し、合宿利用を想定したワーケーション用の貸し切り宿泊プランを提供しています。

デジタル環境を前提とした自然の価値を可視化する

なお、神戸市は同月から、神戸市外から六甲山上または神戸市内に新たにオフィスの立地を検討する企業や事業主に向け、ROKKONOMADとrenestでのグループでの3泊4日以上の合宿利用について、滞在費を支援しています。

地域の豊かな自然を強調するワーケーションは多いですが、それがネットやデジタル環境の未整備の裏返しになっていることは避けるべきでしょう。神戸市のように、むしろテクノロジーと自然とを融合させ、集中して仕事に取り組み創造性を発揮できる時間・環境として、ワーケーション企画・事業を打ち出すことが重要です。

「ROKKONOMAD」のウェブサイト

2 NTT コミュニケーションズ
―― 新しい働き方の実験場をつくる

Why? 特長

- IT 事業者としてのインフラを活用したワーケーションの提供

How? 成功のポイント

- 一時利用のワークプレイスへの着目

What? 重要な拠点や制度、サービス

- 予約制ワークスペース「ハナレ軽井沢」
- ワークスペース検索・予約サービス「droppin（ドロップイン）」

Who? 主なステークホルダー

- 短時間・スキマ時間にワークスペースを利用したいユーザー
- 短時間・スキマ時間を活用したい施設事業者
- テレワーク環境を整えたい地域

テクノロジーを活かした新しいワークスタイル新規事業

NTTコミュニケーションズ株式会社は、テレワークやワーケーションを含む働き方改革関連の新規事業開発を、かねてから展開してきました。

2019年8月に開設した「ハナレ軽井沢」は、同社のテクノロジーを展示・体験するショールームとしての役割を兼ねた予約制ワークスペースです。ここでは、同社が推進する「Smart Work Style」関連のサービス・ソリューションの提供や、地元の企業や自治体などと連携したオープンイノベーションについての実証実験が実施されてきました。

例えば「NoMado（ノマド）」は、本物の窓をイメージした風景画像を上映する機能を備えたデジタルサイネージです。オンライン会議やコミュニケーションの際には音声の制御によって他の場所にあるオフィスとつなぐことが可能です。

また2020年2月からは、ワークスペースの検索・予約アプリ「Dropin」の個人向け実証実験を展開してきました。カフェやコワーキングスペース、ブースなど、文字通り"ドロップイン"（一時利用）できるワークスペースを検索・予約できるサービスで、事前に電源設備やWi-Fi環境の有無、空席状況などの確認が可能です。

さらに2021年10月からは、法人・個人ともに全国300カ所以上が利用できる「droppin」として正式にサービスをスタートさせました。法人向けには従業員ごとの利用時間や課金状況、リアルタイムのユーザー追加、利用可能スペースの制限などの機能が利用できます。2022年中には利用可能スペースを500カ所以上に拡大したり定額利用プランを導入したりすることなども予定されています。

行政と連携したテレワーク実施支援

同社は自治体との連携も進めています。

例えば2021年6月には鎌倉市とテレワーク推進に関わる協定を締結しました。これは「droppin」を通じ、テレワーク環境の整わない個人・事業者にワークスペースを提供することで、鎌倉エリアでのテレワーク実施率の向上を図ることを目的としたものです。2021年9月には鎌倉ワーケーションWEEKとして5つの登録ワークスペースでイベントを開催しながら、ワーケーションを体験するという企画を行いました。今後は鎌倉市だけではなく、神奈川全域にも拡大していく予定です。

ワークプレイス利用を起点にしたワンストップサービスへ

ワーケーション先でのワークスペース確保をサポートする展開も見せています。2021年1月からは、日本テレワーク協会や旅行業大手のKNT-CTホールディングス株式会社と連携した実証実験も開始しました。具体的には、ワーケーションに適した施設の利用予約だけでなく、宿泊施設や交通手段の手配まで可能なサービスの展開に関するものです。2021年9月時点で、首都圏を中心に100を超える店舗が登録しています。

「droppin」のスマートフォンページ

❸ LIFULL ―― 自治体DXの推進につなげる

Why? 特長

- コミュニティ形成を自治体DXへとつなげる事業展開

How? 成功のポイント

- 独自の拠点整備を軸にしたコミュニティ構築
- 空き家活用など自社の経営資源を活用する領域への特化

What? 重要な拠点や制度、サービス

- 遊休不動産利活用サービス「LivingAnywhere Commons」

Who? 主なステークホルダー

- 多拠点居住したいワーカー
- #WorkingAnywhereに賛同する企業・自治体
- DXを推進したい自治体

空き家・遊休施設の利活用を地方創生の文脈から推進

住宅・不動産情報サービス「LIFULL HOME's」を主軸とする株式会社LIFULLは、空き家や遊休施設の利活用にかかわるビジネスが特徴的です。

その核となるサービス「LivingAnywhere Commons」はもともと旅館や合宿施設、店舗、倉庫だった遊休不動産を拠点として利活用する事業です。そして各拠点ではマーケットを開いたり、循環経済やビジネスを学ぶ自発的スクールをつくったりするなどプロジェクトを展開しています。

理念に共感するワーカー・企業・自治体のネットワーク化

全国に26カ所（2021年10月時点）あるLivingAnywhere Commonsの各拠点は、1回6,000円の都度利用や、5～125回（25,000～500,000円）の回数券払い、そして月額25,000円のサブスクリプション方式といった様々な形で利用可能です。

メンバー同士の交流を促しコミュニティを育んでいく工夫も行われています。例えば「LivingAnywhere Week」は、参加者が1つの地域に集まりつつ、それぞれテレワークを行いながら交流するイベントです。2016年に北海道の南富良野にある小学校跡地で開催したことを皮切りに、2018年には鎌倉と会津磐梯、2019年には千葉県・館山や静岡県・下田、それに沖縄・うるまでも実施されました。

さらに「LivingAnywhere Work」は、より「働く」という要素にフォーカスしています。どこでも働ける環境（#WorkingAnywhere）として賛同企業・地域が働く拠点をつくり、それをシェアして働く場所を柔軟化・分散化・オープン化することで、(1)事業継続リスクの分散化、(2)セレンディピティの活性化、(3)ウェルビーイングの向上、(4)地域貢献の促進、が期待されています。2021年9月の時点で大小合わせて117の企業と38

の自治体が賛同団体として公表されています。

業務の効率化を図る行政との協働

第1号拠点である「LivingAnywhere Commons 会津磐梯」は、遊休状態にあった福島県磐梯町内の企業保養所を改装したものです。町と結んだ指定管理協定の下、LIFULL が指定管理者として町から無償貸与を受けつつ、運営コストは同社が負担するスキームで、第三セクターより効率的な運用が可能になっています。

LIFULL と磐梯町はこのほかにも連携に取り組んでおり、2020 年 10 月には、総務省による「地域おこし企業人交流プログラム」を活用し、同社が町に社員を派遣する協定を締結しました。同町は 2019 年に全国に先駆けて CDO（最高デジタル責任者）を設置するなど自治体 DX を積極的に推進している自治体です。この協定でも、ICT 教育の推進や空き家バンクの整備、ワーケーションを活用した関係人口の構築に向けて協働することが謳われています。

「LivingAnywhere」のウェブサイト

6. 体制・仕組みの構築

1 宮城県 ―― 協議会によるワーケーションの展開

Why? 特長

- ステークホルダーの可視化によるネットワーク構築

How? 成功のポイント

- ステークホルダーの洗い出しと巻き込み

What? 重要な拠点や制度、サービス

- 宮城ワーケーションサミット
- ポータルサイト「RELEASE YOURSELF IN MIYAGI」

Who? 主なステークホルダー

- 宮城県内の観光・運輸関連事業者
- 宮城県内の各自治体
- 宮城県でのワーケーションに関心を持つワーカー

地域のステークホルダーを可視化する協議会という組織

ワーケーションを企画・事業化する体制や仕組みの構築を都道府県単位で進めるべく、2020年に各地で立ち上がったのが「ワーケーション協議会」です。

比較的早く2020年9月に設立された宮城ワーケーション協議会を見ると、一般社団法人宮城インバウンドDMOや県知事、仙台市や石巻市など各市町村長、宮城県ホテル旅館生活衛生同業組合など地域の観光関連事業者、ジェイアール東日本やANA、JALなど運輸各社の東北・仙台支局、大学関係者など約40の個人・団体が名を連ね、ワーケーションに関わるステークホルダーが網羅されています。つまり、ワーケーション協議会はその地域のワーケーションに関わるステークホルダーを洗い出し、可視化する機能があります。

発展途上にあるネットワーキングの取り組み

協議会の会員には公共団体会員として前述のような自治体、事業者だけではなく、一般会員としてワーケーションソリューションを持つ、あるいはワーケーションに興味のある企業、宮城県内の観光・地方創生に興味のある学生、が設定されています。

2021年11月には秋保で「宮城ワーケーションサミット」が開催され、その後もサーキュラー・エコノミーなどをテーマに定期的に開催されていますが、これらのイベントはまだワーケーションに関する知識を学んだり、関心を持ってもらったりする啓発活動にとどまっています。これによって事業として具体的にどのような成果を挙げるのか、また一般会員をステークホルダーとしてどのようにマッチングしたり、巻き込んだりするのか、は課題となっています。

2021年2月には宮城県内におけるワーケーション情報のポータルサイト「RELEASE YOURSELF IN MIYAGI」をオープンさせました。掲載情報はまだ多くはありませんが、ワーケーションのための環境を提供する事業者と、ワーケーションの実践が可能な環境を探す人が参照できるポータルサイトとして、今後の成長が期待されます。

ワンストップな地域展開の鍵

各自治体が展開する助成金などの支援策には、担当部署がバラバラであったり、情報が一元化されていなかったりする課題があります。ステークホルダーを可視化し、それらのマッチングや連携、支援を包括的にワンストップで展開するためには、協議会というアプローチは有効です。

先に見たように定期的なイベントはワーケーションへの関心を持ってもらうだけではなく、ステークホルダー同士のネットワーク化、また外部への情報発信という意味でも必要です。しかし今後はそれだけではなく、具体的なビジネスや関係人口創出といった成果を出すための仕掛けとして企画することが協議会をより有効に機能させるために重要になってきます。

「RELEASE YOURSELF IN MIYAGI」のウェブサイト

2 ADLIV
—— おもしろい人が集まるコミュニティのつくり方

Why? 特長

- 「人」から盛り上がるワーケーション

How? 成功のポイント

- 人を呼び込む魅力を備える人材を核に据えた施設運営や企画によるコミュニティ形成

What? 重要な拠点や制度、サービス

- 徳島ならではの共創ワーケーションプログラム「アワーケーション」
- 複合施設「ADLIV（アドリブ）」
- ADLIV 代表取締役・中川和也さん

Who? 主なステークホルダー

- 地域を活性化させたい住民
- 新規事業を開発したい地域の事業者
- 「おもしろい人」に会いたいワーカー

クリエイティブな地域課題解決の先進地

徳島県はもともと、廃棄物ゼロを目指す“ゼロ・ウェイスト”や循環型の経済システム“サーキュラー・エコノミー”などを旗印にした施策で知られる上勝町や、アーティストインレジデンスやIT人材の集うサテライトオフィス整備、起業家主導の高等専門学校「神山まるごと高専（仮称）」設立などで知られる神山町など、社会課題解決のための具体的なアクションが盛んなエリアです。

こうした社会課題解決のためのアクションを特徴としたワーケーションを徳島（阿波）ならではの「アワーケーション」と銘打ち、さまざまな共創プログラムが実践されています。

域外人材を引きつけるコミュニティ拠点とネットワーキング

ワーケーションを受け入れるための環境整備においては、地域と連携して面白いことが展開できそうな人を域外から引きつけるコミュニティをつくることが重要です。そのヒントになりそうな施設が、本瓦葺きで漆喰塗りの「うだつ」が多く保存された町並みで有名な美馬市にあります。

このエリアで2014年に古民家を改装したゲストハウス「のどけや」をオープンさせた柴田義帆さんは、リモートワーカーを中心としたコミュニティを重視したワーケーションならぬコワーケーションを展開しています。

2018年にオープンした「ADLIV」は、印刷工場をリノベーションしてカフェやコワーキングスペース、宿泊などの機能を取り入れた複合施設です。かつて工場を営んでいた会社で、2002年に3代目の承継を機に改称し広告会社として始動した「ナカガワ・アド」が運営を行っています。同社はほかに、食や農業に関するマーケティングやブランディングの事業も展開しています。

ADLIV、そしてその代表を務める中川和也さんを中心に、訪れた人同士や、地元住民とのネットワーキングが盛んです。2019年には「アドリブ交流会」と称したイベントが3回開催され、延べ約300人が参加しました。2020年以降も「アドリブ大学」と名称を改めて連続的にイベントが展開されており、第1期は2020年10月から2021年2月まで9回開催され、2021年7月からは第2期がスタートしています。

当初のテーマは“プロボノ”や“持続可能な地域づくり”“関係人口”などで、2021年以降はワーケーションをテーマにした回も増えています。例えば同年2月にはHafHを展開するKabuku Styleの大瀬良亮さんによる「この地域にワーケーションの可能性はあるのか？」、同7月には内閣府シェアリングエコノミー伝道師で京都ワーケーション協議会代表でもある細川哲星さんによる「スタディーワーケーション！ワーケーション最新事例」などのイベントが開催されました。

拠点を盛り立てる人にフォーカスした支援の可能性

このようにワーケーションに訪れるワーカーや起業家と地域住民の交流拠点のカギになるのは、その拠点を盛り立てる“人”であることがわかります。個人が活動を始めやすい環境を整え、それを支援することで、他の地域にはない独自の色を帯びたワーケーション企画・事業につなげることができるはずです。

「ADLIV」のウェブサイト

❸ パソナ JOB HUB
—— 地域・個人・企業マッチングのビジネス化

Why? 特長

- マッチングコミュニティ事業としてのワーケーション

How? 成功のポイント

- 自社として地方への本社機能一部移転
- ワーケーションを進める経営戦略
- 淡路島・京丹後・東北などでの地方創生事業の実績

What? 重要な拠点や制度、サービス

- 個人向けマッチングプログラム「JOB HUB LOCAL」
- 企業向け人材育成・事業創造プログラム
「JOB HUB WORKATION」

Who? 主なステークホルダー

- 人材誘致・企業誘致を通じた地域活性化に取り組みたい地域
- 地域での複業やワーケーションを実践したいワーカー
- 地方での人材育成や事業創造に取り組みたい企業

“旅するようにはたらく”をコンセプトにした事業展開

株式会社パソナグループは、2020年に本社機能の一部を東京から兵庫県の淡路島に移す方針を発表し、注目を集めました。2021年7月には淡路島に「PASONA WORKATION HUB」を開設し、そこでワーケーション体験会も提供しています。

中心的なワーケーション事業が、2019年設立のグループ会社、株式会社パソナJOB HUBを核に展開している地域・個人・企業のマッチングです。“旅するようにはたらく”をコンセプトに、地域企業や自治体と、都市部のワーカー、フリーランス、起業家イントレプレナーらのコミュニティマッチング事業や、地方での事業開発や人材育成を目的としたワーケーションのプロデュース事業に取り組んでいます。主はプログラムの柱は2つです。

“複”業を望むワーカーと地域企業のマッチング

まず「JOB HUB LOCAL」は、地域企業と複業人材のマッチングを行う個人向けプログラムです。

このプログラムの企画として2018年に岩手県でスタートしたのが「遠恋複業課」です。首都圏で暮らしながら岩手でスキルを活かした複業を望むワーカーと、人材を必要とする岩手県内の企業や団体をマッチングする事業です。同年には5件、2019年には22件、そして2020年には25件のマッチングが成立するなど着実に実績を積んでいます。

また2020年には、岩手県と同様のプログラムを宮古市に限定した独自のものも実施されました。2020年からスタートした松山市の「だんだん複業団」、2021年からスタートした鳥取県の「とっとり翔ける福業」のプログラム企画・運営にも携わっています。

マッチングから運営や事後評価までをワンストップで提供

一方、企業向けの人材育成・事業創造プログラムが「JOB HUB WORKATION」です。2021年1月にはANAによるアーティスト・イン・レジデンスプログラムの「ANA meets ART“COM”」と関連して、長野県塩尻市、鳥取県鳥取市、広島県三原市で「アートワーケーション」プログラムを実施しています。それぞれの地域でアーティストが一定期間滞在して創作活動を行う“アーティスト・イン・レジデンス”による制作物を展示したマイクロビエンナーレに都市部のワーカーが訪問し、アーティストとの交流、ワークショップなどを行うプログラムも実施しました。2021年はコロナ禍の影響で現地にオンラインでのプログラムとなりましたが、今後は現地に訪問するプログラムも予定されており、さらに興味深い展開になりそうです。

2021年にスタートした山梨県の二拠点企業誘致マッチング事業における、事業開発・働き方改革・クリエイティブオフィスをテーマとしたワーケーションプログラムの企画・運営にも携わっており、企業の新たな経営戦略としてのワーケーションを推進しています。

このほか、企業にとってワーケーションへの最大の関心が業務に与える効果にあることから、実施後の参加者の変化をEQ（情緒的感受性）や課題解決能力、リーダーシップ、キャリア観など多岐にわたって評価する取り組みにも力を入れています。

このようにパソナグループは、ワーケーションの実施に際した受け入れ地域と実践側のワーカー・企業のマッチングだけでなく、コンテンツ開発や運営面のサポート、そして事後の評価までワンストップで展開できるプラットフォームを構築しています。

「パソナ JOB HUB WORKATION」のウェブサイト

第5章

実践企業・個人から探る
ワーケーションのニーズと課題

1. 働き方をアップデートするワーケーション

1 JAL（大企業／旅行）
——働き方改革と自社ビジネスの見直し

Why? 特長

- コロナ禍以前からの働き方改革としてのワーケーション活用

How? 成功のポイント

- 勤務形態の選択肢としての勤怠システムへの組み込み
- マネジメント層の率先した実践

What? 重要な拠点や制度、サービス

- 鹿児島県・徳之島でのワーケーション実証事業など継続的な実証実験
- 勤務形態としてのワーケーション、ブリージャーの選択肢

Who? 主なステークホルダー

- 働き方改革を実施したい人事担当者
- 地方を訪れることによる感性の涵養や成長を求める社員
- テレワーク拡大によってBCPを確保したいマネジメント層

勤務形態としての導入による制度改革

JAL（日本航空株式会社）は、運輸・旅行事業者としてのビジネスだけではなく、働き方改革をねらった人事戦略のアプローチとしてもワーケーションを位置づけています。

離島路線などの維持を考えると、関係人口創出や地方創生はビジネス的に重要ですが、自社の社員にとって働きやすい、働きがいのある会社にするためにも、ワーケーションが活用されています。

JALによるワーケーションへの取り組みはワークスタイル改革に本気で取り組むことを示した2017年にさかのぼります。まず端緒として、総務省、厚生労働省、経済産業省、国土交通省、内閣官房、内閣府が東京都および関係団体と連携して展開している「テレワーク・デイズ」において役員による体験やワークショップをスタートさせました。さらに、休暇取得をめぐる社員の声を反映し、休暇中に一部の業務を認める制度という位置付けで、ワーケーションが勤務形態として導入されたのです。

2018年には勤怠システムの中で「ワーケーション勤務」という形態を選択できるようになりました。2019年からは、出張時に休暇を連結できるブレジャーも制度として導入されています。

これらの制度の導入目的として、その土地・地域でしかできない経験を通じて感性を養い、自己成長へつなげることが掲げられています。

拡大する実施効果

これらの施策の結果はどうだったのでしょうか。

JALの資料によると、ワーケーション実施者の総計は、2018年で174人日だったのが、2019年には247人日、2020年には918人日にまで増加。テレワークについては2017年の5,707人日に対し、2018年には12,088

人日、2019年には36,352人日と急増しています。また総実労働時間は、2016年度が1,938時間であったのに対し、2019年には1,862時間と、減少しています。働き方改革の中で、すべての企業で年5日以上の有給休暇取得や時間外労働の上限規制などが義務化されます。ワーケーションはそれらに対しても有効なアプローチとなることが示唆されています。こうした継続的な取り組みはコロナ禍におけるテレワーク対応にも活かされています。

社員への参加型企画も展開されます。2017年には和歌山県白浜町で、2018年には鹿児島県徳之島町で、2019年には北海道、愛媛、オーストラリアでそれぞれ行われました。

例えば徳之島町では、自治体が富士ゼロックス株式会社（現・富士フイルムビジネスイノベーション株式会社）と共同で企画した「徳之島ワーケーション実証事業」に参加する形で、社員が同僚や家族と3泊4日で徳之島に滞在し、コワーキングスペースで勤務を行いました。

また2020年8月には、株式会社アドリブワークスと連携して、愛媛県、石川県、岩手県、兵庫県、宮崎県でワーケーションを活用した「地域と共創型のNewNormalな新しいワークスタイル」を掲げた企画を開始しました。JALの社員が各地を訪れて社会貢献活動に参加し、関係人口創出による地域活性化について考えることで、感性の涵養や自己成長に繋げつつ、地域と共創する新しい働き方・休み方の発見を目指すものです。コロナ禍の影響で2021年の実施は延長され、2022年1月以降の実施を予定していますが、例えば兵庫県豊岡市にある但馬地域唯一の映画館「豊岡劇場」の再生に取り組むプログラムなどが検討されています。

ビジネス面との融合に課題

このようにJALは、働き方改革の視点から、「テレワーク＝在宅勤務」

というイメージから一歩進め、第１章でも紹介したWFXの一形態としてワーケーションに取り組んできました。コロナ禍によってテレワークの対応力は同社の資産となっています。

一方で、自社のビジネスの転換も求められる中で、新規ビジネスとしてのワーケーション展開とどのように融合していくのかについては、課題と言えます。

2 ユニリーバ（大企業／メーカー）
―― 働く場所・時間の多様性をどう受け入れるか

Why? 特長

- 働く場所・時間の多様性を増やすことによる攻めの働き方改革

How? 成功のポイント

- WAA を基軸とする社内外への企画の横展開
- 人事戦略における働く場所・時間の柔軟性重視とその目標明示

What? 重要な拠点や制度、サービス

- 企業・団体・個人のネットワーク「Team WAA!」
- 地域におけるワーケーション実践プログラム「地域 de WAA」
- 副業促進制度「WAAP（Work from Anywhere Anytime for Parallel careers）」

Who? 主なステークホルダー

- 早朝や夜に仕事をして日中に時間を確保したい社員
- ワーケーション実践者による地域課題解決を望む自治体
- ユニリーバ・ジャパン以外でも WAA を実践したい社員

“Work from Anytime and Anywhere”

消費財メーカーであるユニリーバ・ジャパン株式会社は、コロナ禍以前から柔軟な働き方の導入に積極的でした。

2016年7月に導入された「WAA」(Work from Anytime and Anywhere)は、(1)上司に申請すれば、理由を問わず、自宅やカフェ、図書館など会社以外の場所で勤務できる、(2)平日5時〜22時の間で勤務時間や休憩時間を自由に決められる、(3)(工場、お客様相談室などの部署を除く）全社員が対象で、期間や日数の制限がない、を特徴とする勤務形態です。1日当たりや1カ月当たりの標準的な勤務時間を満たすことが条件で、工場部門や営業部門の一部は対象に含まれないなどの制約はありますが、早朝や夜に仕事をし、日中を子どもの世話や自分の趣味の時間に充てることも可能です。

独自の勤務形態が社内外で生み出すインパクト

同社の調査によると、WAAによって「生産性が上がった」(75%)、「新しい働き方が始まってから生活が良くなった」(67%)、「幸福度が上がった」(33%）などの効果が見られました。

また2017年1月には、同社発のWAAに共感する企業・団体・個人のネットワーク「Team WAA!」が発足しています。1,000人以上が参加しており、毎月1回「Team WAA!」セッションが行なわれています。2021年は「Be Yourself & Live Your Life（ありのままの自分でいる&自分の人生を生きる)」をテーマとし、その実践者を毎月ゲストとして招くトークイベントを開催しています。例えば2021年7月には「職人が織りなす幸せのタオルを届けたい」と題して、愛媛県今治市のタオル工場経営者が登壇しました。

なお2018年8月には、関西での展開として「ナニWAA!」も発足し、同エリアを中心としたトークイベントが行われています。例えば2021年

11月には「京若狭〜地域から考える農林水産業のサステナビリティ〜」と題して京若狭エリアで農林水産業を営む若手を招いてのトークイベントが行われました。

地域でのワーケーション・副業への制度展開

WAAにおいて期待されているのは、働く場所の柔軟性によって社員のウェルビーイングを向上させること、普段とは異なる環境の中で働き、地域の人々と交流し、各自が強みや経験を活かした活動に取り組むことで、イノベーションやビジネスモデルの創出につなげることです。

WAAは、地域で実践するワーケーションを「WAAcation」と呼んでいます。2018年の宮崎県新富町を皮切りに、福岡県うきは市、また2020年7月には、ワーケーションの広がりの中で和歌山県白浜町、同年9月には福井県高浜町も加わり、地域での活動を通じて社員のウェルビーイングの向上を意識したものになっています。

そうした中でWAAは、地域におけるワーケーションの実践スタイルとしても拡大しています。例えば2019年7月に同社が導入した「地域 de WAA」は、テレワーク・デイズに合わせて下川町（北海道)、女川町（宮城県)、酒田市（山形県)、掛川市（静岡県)、長門市（山口県)、新富町（宮崎県）の6自治体と連携して生まれたプログラムです。連携している地域の施設を「コWAA（ワー）キングスペース」として無料で利用できるほか、業務外の時間に自治体指定の地域課題解決に貢献する活動を行うと、提携宿泊施設での宿泊費が無料または割引になる内容です。

さらに2020年7月には「WAAP」（Work from Anywhere Anytime for Parallel careers）というユニリーバ・ジャパンでの副業（パラレルワーク）を呼びかける制度もスタートしています。2021年5月の時点でのべ応募者は400名を超すまでになっています。

「Team WAA」のウェブサイト

3 ミクル（中小企業／IT・不動産）
―― 生産性アップだけではないワークスタイルの実現

Why? 特長

- 家族優先を実現するための働き方としての時間・場所の柔軟性

How? 成功のポイント

- 非同期型コミュニケーションを中心とした業務スタイルの確立
- 自律的に働くことを前提とした人事やビジネスのあり方
- 営業禁止、多忙禁止など“しないこと”を明確化
- ワーケーションを標榜しない徹底した時間・場所の柔軟化

What? 重要な拠点や制度、サービス

- 個人専用オフィス制度「アトリエ」
- ハッピーワーク人というワークスタイル像

Who? 主なステークホルダー

- 仕事だけではなく家族との暮らしに価値を置く社員
- オフィスレスによってコストを他へ投資したいマネジメント層

フル・リモートのビジネス実践

テレワークができるのは大企業だけというイメージがあるかもしれませんが、社員が多くないからこそ思い切ったテレワークができる面もあります。比較的規模が小さい会社では、オフィスを持たずフル・リモートを実践するケースも徐々に増えてきました。

2005年に創業した、オンライン掲示板などを運営するIT企業、ミクル株式会社もその好例です。社員は10名で、全員が集まるオフィスはありません。働く場所・時間は社員が決めるワークスタイルを採用しており、東京・大阪・石垣島など各地に分散しています。メールやクラウドなどを活用し、同じ時間・同じ場所にいなくてもやりとりをしながら仕事を進める非同期型の業務スタイルを確立し、月に1度の合宿的なミーティング以外は、自分が働きたいように働くフル・リモートでの働き方が実践されています。

社員に対して「アトリエ」という個人専用オフィス制度を提供している点も特徴的です。2012年からスタートしたこの制度は、家賃・電気水道・インターネット料金などを会社が補助するもので、2021年の時点で約半数の社員がこの制度を利用しています。

コワーキングスペースやサテライトオフィスではなく、各自が作業スペースとして使用できる空間を提供するこの制度によって、職住近接、集中空間の確保、そして「秘密基地」を持つような楽しみを実現することができるといいます。また地方においては空き家や公共施設の有効活用にもつながることが期待されています。

もちろん、社員はただ与えられた業務を効率的にこなすのではなく、自律的に働くことが求められ、ミクルのビジネスもそれを前提に展開されています。

“ハッピーワーク人”というワークスタイル像

柔軟なワークスタイルを採用するミクルはこれまで、理想のワークスタイルを「○○人」という表現で掲げ、時代に合わせてアップデートしてきました。

例えば2005年は“オフィスレス人”としてテレワークのための練習期間として位置づけ、オフィスレスな勤務を実験的に行いました。

また2011年には、東日本大震災を契機に社員が西日本に分散したこともあり、“テレワーク人”を掲げて、オフィスレスでの業務と同時に社員同士の交流などを行いました。

そして2017年からは“ハッピーワーク人”を標榜し、時間と場所の自由度を一層高めながら、家族・仲間をより大切にする働き方を模索しています。具体的には、副業や家族の夢、起業などの支援に加えて、子どもとのワーケーションのための渡航費の支援も展開してきました。ハッピーワーク人を2025年までに3%、2030年までに8%に増やすことをミッションに掲げています。

同社が最も重視している価値観は「家族優先」です。仕事ではなく家族を優先する、そのために「営業禁止」「多忙禁止」なども掲げられています。

“そもそもワーケーション的”な働き方へのニーズ

ミクルのように柔軟な働き方を徹底している会社では、ワーケーションがあえて制度として掲げられることはありません。既定の働き方そのものがワーケーション的だからです。

同社のようなフル・リモートの企業が国内外に増えつつあるということ。そして業務の効率性や生産性アップだけではなく、家族や仲間と「よく」暮らすというニーズが存在するということ。2011年の東日本大震災、そして2020年からのコロナ禍によって、より現実的になってきています。

Mikle
サービス
会社紹介
メンバー
お問い合わせ
Mikle Miracle
小さなチーム × 自由な時間 × 家族の幸せ
大きな仕事 × 新しいアイデア × 世の中貢献
Google様Adsense公式Youtubeチャネルにてご紹介いただきました。
サービス一覧

「ミクル」のウェブサイト

2. 社会課題解決を目指すワーケーション

1 セールスフォース・ドットコム（大企業／IT）
—— 企業の強みを地域とどうマッチングするか

Why? 特長

- 長期滞在型ワーケーションによる社員の意識改革

How? 成功のポイント

- 地域に自社サテライトオフィスの設立
- 人事異動による3カ月単位の長期滞在
- 社会貢献としての地域活動による地域との関係性の形成・維持

What? 重要な拠点や制度、サービス

- 白浜サテライトオフィス
- 社会貢献を図る事業ポリシー「1-1-1モデル」
- SDGsワーケーションプログラム

Who? 主なステークホルダー

- セールスフォース・ドットコムの知見を活用したい他社
- 地域での社会貢献活動に取り組んでみたい社員
- 一時的な観光ではなく継続的に滞在する企業・社員と連携したい自治体

サテライトオフィスでの滞在勤務がもたらすインパクト

クラウドサービスを展開する株式会社セールスフォース・ドットコムは、2021年7月に米国本社がビジネスチャットサービスのSlack Technologies, Inc.社を買収しました。いつでも・どこでも働けるワークスタイルの拡大はセールスフォース・ドットコムにとって重要であり、ワーケーションは自社ビジネスのショー・ケース、マーケティング・ツールとなっています。

2015年、同社は総務省の地域実証事業に参画し、和歌山県の「白浜町ITビジネス・オフィス」にサテライトオフィスを開設しました。その成果として、商談件数が20%、契約金額が31%増加したほか、通勤時間の削減により平均して1人当たり約64時間自由な時間が増え、社会貢献や地域交流、自己投資や家族との時間に充てることができたといいます。

同社は、就業時間の1%を社会貢献活動に充てたり、株式の1%、製品のライセンス収入の1%をNPO団体に提供したりする「1-1-1モデル」を採用するなど、社会貢献意識の強い社風です。白浜サテライトオフィスでも、移住者・来訪者向けの情報配信を行うモバイルアプリの開発・提供、砂浜の清掃、オフィスや学校での子ども向けプログラミング講座の開催など、地域にとって有用な活動を展開しています。

移住にもつながる長期の滞在

白浜サテライトオフィスにはおおよそ10名ほどの社員が滞在しています。なお先に紹介したミクルも社員は10名でしたが、実践企業や受け入れる地域にとって、10名程度という規模は1つのポイントになるかもしれません。いきなり大人数を受け入れるとなると、宿泊はともかく、働くための施設の整備やプログラムの実施が大がかりなものとなり、運営体制を整えるための地域側のリソースが足りなかったり、実施する企業も調整に時間がかかったりすることが予想されます。逆に5人以下だと、個人やチームだけの活動にとどまり、地域や企業全体へのインパクトには欠ける部分があります。そういった意味で、10人という規模は、比較的調整しやすく、ある程度のインパクトを生むような実証実験にも取り組みやすいため、「まずやってみる」規模としてよい落とし所になっています。

基本的に白浜オフィスのリーダーは東京から白浜への移住組が務め、それ以外のメンバーは3カ月単位のローテーションで滞在する形式がとられています。サテライトオフィスでの勤務を継続していく中で、移住する人も増えたといいます。

セールスフォース・ドットコムの取り組みは、ワーケーションという言葉こそ使っていませんが、長期間にわたるサテライトオフィスでの滞在が大きな特徴です。2～3日程度のワーケーションは福利厚生的で単発的な観光のイメージと結び付けられがちですが、3カ月程度の長期間滞在になると、滞在先での生活や仕事が非日常から日常へと移行し、自身の働き方や生活、今後の人生に向き合うことができるのでしょう。

他地域での展開

こうして白浜で得た知見やノウハウを、他地域で応用しようとする取り組みも始まっています。

2021年9月には、株式会社プリンスホテルと連携して、法人向けにSDGs活動をサポートするための「SDGsワーケーションプログラム」を軽井沢で展開しています。例えば、間伐ボランティアによる環境保全、絶滅が危惧される地産食材の援農ボランティア、働き手が不足しているワイナリーでのボランティアのプログラムなど、3カ月や6カ月単位の長期での実施を想定したもので、終了後には関連するNPO法人や自治体から、活動内容や時間などを記した「SDGs活動貢献レポート」が発行されます。

このようにセールスフォース・ドットコムは、本業のITに加え、SDGsへの意識も高い強みをうまく活かして、ワーケーション事業としての可能性を新しく拓いています。

2 ニット（中小企業／コンサルティング）
―― 現地の地域課題を拾い上げるために必要なこと

Why? 特長

- 地域における人手不足と仕事不足を解決するためのアプローチとしてのワーケーション

How? 成功のポイント

- 社員にとっての満足と自社ビジネスの地域への営業の両立
- 社員が各地域で集まるサテライトミーティング

What? 重要な拠点や制度、サービス

- オンラインアウトソーシングサービス「HELP YOU」
- 沖縄県「離島テレワーク人材育成補助事業」
- 長野県「おためしナガノ」

Who? 主なステークホルダー

- 場所にとらわれずに自由に働きたい社員
- 地域に在住したままテレワークで働きたい人
- 人手不足を解消したい地域の自治体、企業

場所にとらわれない働き方を率先

2017年に設立された株式会社ニットは、2015年にスタートしていたオンラインアウトソーシングサービス「HELP YOU」を中核とした事業を展開しています。また移住や柔軟な働き方についてのウェブメディア「くらしと仕事」も運営しています。

同社には、業務委託メンバーも含め380名（2021年7月）の社員が所属しています。フル・リモートでの勤務が基本で、総務省による「テレワーク先駆者百選」認定企業にも選ばれています。

同社の社員になった理由も「場所にとらわれず働きたい」「時間に拘束されにくい仕事がしたい」などが上位に挙げられています。そのため、社員はアドレスホッパーや海外在住、地域への移住者も含めて全国各地に散らばっています。

地域の中と外をマッチングする

2020年以降、同社はワーケーションの文脈から、地域で働くことに関する事業も展開しています。ニットの特徴は自社の中核事業であるアウトソーシングと自社の働き方に引きつけながら、地域における人手、仕事、テレワーク人材の不足を社会課題と捉えてその解消を目指す点にあります。

具体的には、沖縄県と長野県で社会課題解決を目的としたワーケーションの実証事業をスタートさせました。2020年10月には、沖縄県の「離島テレワーク人材育成補助事業」として、久留米島でテレワークの実証実験を展開。また2021年2月には長野県主催の移住促進事業である「おためしナガノ」に参画し、小布施町で社員が10日間ほど実際に滞在しながら仕事をしました。

これらの活動の中で、現地に働き手の不足に悩む自治体や企業があれば、テレワークで遂行可能な業務を他の地域にいる働き手とマッチングさせることで働き手不足を解消したり、その地域に住みたいという人にテレワークでの仕事を斡旋し、雇用機会を創出したりしています。

こうしたマッチングの機会を探るには、都市部だけではなく地域における自治体や企業への細やかなヒアリングやマーケティングが重要です。ワーケーションはニットにとって、社員の柔軟な働き方を保証するためだけではなく、自社のビジネスのマーケティングや営業の機会にもなっているのです。

地方の労働力不足問題へのアプローチ

若者が都市部へ流出する地域の自治体や企業が多いのは言うまでもなく、都市部であっても人手不足に悩んでいるところは少なくありません。一方で、テレワークで働きたい、仕事があるのであれば、都市部ではなく地域に住みたいという人は、コロナ禍以降には増えています。

ニットが行っているテレワークでのアウトソーシングによってこの両者をマッチングさせることは人手不足という社会問題解消に対する有効なアプローチになりえます。またワーケーションは、テレワークやアウトソーシングなどを行っている人材がロールモデルとして可視化する役割を果たし、テレワークというワークスタイル・ライフスタイルの魅力が地域において実感できるきっかけにもなっています。

ニットは、先に挙げたセールスフォース・ドットコムとはまた異なる視点で、自分たちの働き方そのものをビジネスチャンス、経営資源としている興味深いケースだと言えるでしょう。

ニットが運営するメディア「くらしと仕事」のウェブサイト

3 ヌーラボ（中小企業／IT）
—— 企業課題を地域での活動から解決する

Why? 特長

- 社員への教育研修制度・地域での教育活動としての位置づけ

How? 成功のポイント

- 選考型の教育研修制度という形での滞在費支援
- 自社サービスや社員スキルの地域還元

What? 重要な拠点や制度、サービス

- リゾートワーク制度
- 沖縄県宮古島、北海道東川町、新潟県佐渡市

Who? 主なステークホルダー

- 地元や地域で一定期間過ごしてみたい社員の家族
- IT に関する教育を展開したい地域
- キャリアやスキルの棚卸しや社会活動自律的な教育研修として利用したい社員

教育研修制度としてのリゾートワーク

株式会社ヌーラボは、プロジェクト管理やビジネスチャットツールを開発・運用する企業です。2004年の設立以来、本社は福岡に置きつつ、社員は東京や京都など国内都市のほか、シンガポールやアムステルダム、ニューヨークなど世界中に所在しています。

2018年から導入しているリゾートワーク制度は、社員が家族同伴可でリゾート地に滞在し、オンラインで仕事をしつつ地域での活動に参加することを支援するもので、会社が滞在に関わる費用を一部負担しています。利用にあたっては、学校での特別授業を中心とした地域への貢献活動と、事後の報告ブログの記事公開が義務付けられます。なお実施期間中は有給休暇との組み合わせも可能で、滞在期間は5日～3週間程度が想定されています。

なお、ワーケーションではなくリゾートワークと謳われているのは、福利厚生ではなく、あくまで教育研修制度として位置づけられているためです。ワーケーションを福利厚生と捉えると、会社側のメリットや実践する社員の評価が課題として意識されます。これに対し研修と位置づけることで、社員にとって「後ろめたさ」が和らぎ利用しやすくなる効果を狙っています。

滞在先の学校での授業

リゾートワーク制度の対象地域は、当初は宮古島からスタートし、2019年に北海道東川町も加わりました。同町にある公立日本語学校での特別授業や、デンマーク発祥のフォルケホイスコーレ設立の協力活動などを展開しています。また2021年10月には、新潟県佐渡市の佐渡総合高校と提携した出張授業の実施も発表されています。

リゾートワークにあたって、社員は学校での授業プランを提出し、内容や他の応募状況などを勘案して社が出す許可に基づいて実行するというプロセスが踏まれます。実施内容を考慮した許可制である点が、個人がいわゆる「隠れワ―ケーター」として会社の制度とは関係なく自発的に行うワーケーションとは異なります。

なお2020年以降も、コロナ禍の影響を受けながらも継続されています。例えば、宮古島の小•中•高では「インターネットの仕組み」や「アバターで変身する」といったIT関連のテーマから、「海外で働くこと」などキャリアに関するテーマまで、多様な内容で社員による授業が実施されました。

採用や人事においては、自分の仕事やキャリアでの実践•経験を整理し、振り返る「棚卸し」や「越境学習」が重要と言われますが、リゾートワーク制度は社員にとってその絶好の機会になります。一方で宮古島の人々にとっても、島内でITに関わる人が多くないため、子どもたちがこうしたトピックに触れる有益な機会になっています。

中途採用のスタッフが多い企業には適した制度

このようなリゾートワーク制度が導入された背景として、ヌーラボではエンジニアを中心に中途採用の社員が多く、新入社員として一から研修するというシステムがなじまなかったことが挙げられます。また中途採用の社員向けの研修は、スキルや仕事の進め方ではなく、むしろ社風に馴染んだり、自分の経験やキャリアの棚卸しをしたりといったことがポイントになります。

リゾートワーク制度はこうした企業における課題と地域での課題とを上手くマッチングさせて解決するためのアプローチなのです。

リゾートワーク制度について伝える社員ブログ記事（出典：「ヌーラボ」のウェブサイト）

3. 暮らしと仕事の自由度を活かす個人ワーケーション

❶ 個人裁量型 —— 良き出会いをどう演出するか

隠れワーケーターとワーケーション

第3章で、ワーケーションを実践する人のうち、会社にワーケーション制度がない中で実施している「隠れワーケーター」が相当な割合を占めるとの調査結果を紹介しました。特に観光や移動に関わる企業では、社員自身がワーケーションを実践し、取り組みやすい環境を整え、サービスを改善して市場に展開することも重要です。もちろん、地方でワーケーションの受け入れを推進しようとしている自治体の職員も同様でしょう。

「隠れ」であれ、制度を利用したものであれ、実践者同士で直面する同じ課題に共感し合ったり、ワーケーションで足を運んでこそ知ったエリアの魅力を共有したりする中で、事後につながる関係が築かれ、本業の仕事に繋がるケースは少なくありません。

自身の裁量を活かしたワーケーション実践

JR西日本で働く山内菜都海（なつみ）さんは、新卒時から9年間、東京の大手建設会社に勤めて地方のまちづくり案件に関わる中で、地方で働くことに関心を持ったと言います。しかし、東日本大震災を経ても東京一極集中が続き、首都圏の開発が増えることに疑問に感じ、2014年に神戸へ移住すると共に、JR西日本のグループ会社に転職しました。以後7年間は西日本エリアの沿線開発に携わった後、現在はJR西日本にて鉄道と地域の共生による地域振興に携わる部署に所属しています。

会社での対面が必要な打合せが入っている日以外は、気分転換に近場の環境のよいロケーションに移動して仕事をする“マイクロワーケーション”を行ったり、宿泊を組み入れて移動可能な日には1～3泊程度の日程で地域を放浪したりしながら現地調査やワークを行っています。土日を挟んで金曜から月曜の日程で組んだり、木曜・金曜の出張と組み合わせたブレジャーにしたりするケースが多いそうです。

会社の制度としては､勤務可能な箇所は｢職場か自宅か会社の認めたコワーキング施設か出張先」となっており、いわゆるワーケーションが推奨されているわけではないため、通常の出張と休暇をうまく組み合せることで、結果的に「隠れワーケーター」的な働き方に繋がっています。現地調査や関係者ヒアリングといった本来業務と、趣味や自己研鑽が常にオーバーラップするような仕事内容のため、プライベートで関係性が始まった相手と仕事につながることは日常茶飯事だと言います。

こうしたワーケーションにかかる費用については、都度、訪問先のアポイントの目的や、本業に結実しそうな確率を見定めて、同じ金曜日でも、今回は会社への報告を伴う出張として行く、今回は休暇をとって自分の時間で行く、と判断をしています。

山内さんによれば、ワーケーションの実践は、地域をフィールドにした自己研鑽や交流の量が仕事での創造性や事業化に直結すると信じて行動している結果なので、会社が推奨しているかどうかとは無関係だといいます。一方、同僚も巻き込んでいきたいと考えてはいるものの、現状ではまだメリットに共感する社員も少ないことから、控えているそう。社内で制度が整ってくれば、より多くの社員が山内さんのように実践する機運は高まってくることでしょう。

若者が実践するハードルに着目したサービス展開

ワーケーションの制度が社内にない場合、外部のサービスをきっかけにすることもできます。一例として、旅と「お手伝い」をかけ合わせた「おたつたび」というサービスがあります。

2018年7月に設立され、2021年8月には全国47都道府県に拡大している「おてつたび」は、季節によって繁閑の差があり、短期的に人手が必要な地域の旅館や農家と、暮らすように旅をしたい若者をマッチングするプラットフォームです（図5･1）。

これまでも「季節労働」や「住み込みバイト」といった働き方は存在したものの、あくまでも一時的な労働人材にとどまり、その地域に関わりを持ち続けることには必ずしもつながっていませんでした。一方で、地域で暮らし、働くことに関心はあるものの、情報が整っておらず、試しに訪れることにも二の足を踏む若者は少なくありませんでした。

「おてつたび」の代表を務める永岡里菜さんは、観光以上・移住未満の滞在のための“フック”となる情報やきっかけを提供すべく、このサービスを立ち上げたといいます。ボランティアでもなく単純な労働でもない「お手伝い」という視点からマッチングを成立させることで、訪問者の負担を賃金収入で軽減しつつ、地域との関係構築につなげようとしています。終了後のアンケートでは、訪問者の9割以上が「地域にまた訪れたい」と答えており、関係性構築の効果の高さがうかがえます。

このように、個人が地域で暮らし働く上でのハードルにフォーカスしたワーケーションのデザインも大きな可能性があります。

図5･1　おてつたびのウェブサイト

2 親子ワーケーション型
―― 健やかなワーケーション環境の必要条件

子どもが“いてもできる”ではなく“いるからできる”へ

ワーケーションを実施するのは必ずしも単身者に限りません。会社員で長期休暇を取るハードルは高く、共働きでは休暇のタイミングを合わせることも簡単ではない一方で、親子や家族ぐるみでワーケーションを行うニーズも無視できないものになっています。

毎日新聞の記者として働く今村茜さんは、子育てをしながらワーケーションを始め、柔軟な働き方についての取材活動を精力的に行い、親子でワーケーションを行うノウハウや課題なども積極的に記事にしています(図5・2)。

新聞記者というと、早朝・深夜を問わず、取材でさまざまな場所を飛び回るイメージがありますが、子育てを行っていると当然そのような働き方

図5・2　親子ワーケーションを行う今村茜さん

はできません。そうした中で、子育てがハンデにならない新聞記者としての働き方を考えるようになったといいます。

転機になったのは2018年、和歌山県で開催されたワーケーション体験プログラムへの参加でした。親子ワーケーションツアーに取材も兼ねて参加したことから、特に家族でのワーケーションについての記事執筆や実践といった活動を展開するようになります。

2019年冬には、リモートワークやワーケーションなど柔軟な働き方を模索するコミュニティである「Next Style Lab」を社内で立ち上げ、2020年4月からは記者との兼務で「毎日みらい創造ラボ」での活動もスタートさせます。そして2021年4月からは「毎日みらい創造ラボ」内で、「親子ワーケーション部」という事業を進めています。

なお2021年からは、日本ワーケーション協会の公認ワーケーションコンシェルジュにも任命され、さらに2021年7月には「鳥取県ファミリーワーケーションプランナー（兼モデレーター）」の任命も受け、鳥取県内でのファミリーワーケーション実施のための方策提案やモニターツアー企画なども行っています（第4章参照）。

今村さんは過去の取材記事の中で、子連れワーケーションのメリットとして、休みを長期化することで移動負担が軽減できること、親の働いている姿を子に見せることができること、子どもが他日常に触れることで世界を広げられること、そして何より子どもにとって「大切な場所・人」が増えることなどのメリットを挙げています。

ワーケーションの企画・事業という観点でみれば、子どもが「いてもできる」ではなく、むしろ子どもが「いるからできる」「いるからやってみたい」に主眼を置いて考えることも重要になりそうです。

子どもの視点で組み立てるワーケーションプログラム

フリーの編集者である児玉真悠子さんは、子どもと一緒に長崎県五島市や栃木県那珂川（なかがわ）町のワーケーション企画に参加するなど、親子ワーケーションを積極的に実践する1人です。一方で、2020年10月には、親子でのワーケーションをサポートする事業「親子 de ワーケーション」を開始。翌年2月には法人化して、代表を務めています。

「親子 de ワーケーション」が目指すのは、親の仕事環境ではなく、子どもの教育を一番に考えたワーケーションです。このことから、ワーケーションを“Work”と“Vacation”だけではなく、“Education”も加えたものとして捉えています。

これら3つを備えたワーケーションの実践に必要な要素としては、子どもと一緒に過ごせるアクティビティや宿泊施設（Vacation の視点）、親が一定時間仕事に集中することができる同伴不要のコンテンツ（Work の視点）、そして学びにつながるような地域での経験（Education の視点）などが考えられます。

こうした教育面にも力点を置いたワーケーションの本格的な展開を支える上では、ワーケーションで訪れた子どもを地域の学校で一定期間受け入れるなどの対応も重要です。通常、異なる2つの学校に同時に籍を置くことはできませんが、例えば徳島県では、住民票を移さずに他の地域の学校に学籍を置くことができる「区域外就学制度」を活用して小中学校での「デュアルスクール」を制度化しています。これにより、比較的長期間（2週間以上）のワーケーションでも対応できます。なお、実はそれ以下の期間であれば区域外就学制度を利用せずとも、教育委員会との連携により、他地域の学校に通う試みが始まっています。都市部からの子どもが一定期間地域に滞在するのは、地元の学校にとっても刺激になります。

このように、子ども視点から出発し、その家族に訴求力のあるワーケーション企画・事業も、今後はニーズが高まっていくでしょう。

3 バンライフ型――住まいを必要としない実践者

バンライフとワーケーション

車を拠点とするライフスタイルは「バンライフ（Van Life）」と呼ばれます。例えばInstagramでハッシュタグ「#vanlife」を検索すると2021年12月の時点で約1,180万件の投稿があり、「#workcation」の約14.5万件、

図5・3　バンライフ実践者のInstagram投稿例

「#workation」の約23万件、「#digitalnomad」の約359万件と比較しても、広く受け入れられていることが分かります（図5•3）。

バンライフの魅力は、DIYで好きな空間に改装した車で、気ままに移動できる点です。コロナ禍をきっかけにリモートワークが広がったことで、バンライフはいわゆる車中泊やオートキャンプといった従来の休暇の過ごし方を超えたワークスタイルになりました。バンライフはADDressやHafHによるアドレスホッピングや多拠点居住によるワーケーションとはまた異なるスタイルのワーケーションを提示します。

ワーケーションとしてのバンライフの特徴は、何と言っても公共交通機関だけでは融通が利かなくなりがちな地域で、移動手段として活躍する点にあります。もちろんワークプレイスとしても、オンライン会議なども集中して気兼ねなくできますし、セキュリティ面でも有効です。

日本におけるバンライフ実践の課題

一方で課題もあります。バンライフのカルチャーが一定程度浸透している欧米と比べ、日本では地方でも道が狭く、トイレや電源などを備え車中泊ができる「RVパーク」の整備も進んでいません。RVパークの認定は一般社団法人日本RV協会が行っており、図5•4にまとめた8つの条件を満たす必要があります。

認定施設は温泉、旅館、道の駅、遊園地などを含んで全国で242件（2021年11月時点）となっており、バンライフを手軽に、快適に実践するための環境が十分には整備されていません。しかし、条件を見れば分かるように、認定のために多額の設備投資が必要なわけではありません。地域でRVパークを整備することで、国内におけるバンライフの普及に加えて、自然や環境問題に関心の高い海外のバンライファーを呼び込む可能性は広がると考えられます。

○ 4m × 7m 程度の駐車スペース
○ 1 週間程度の滞在が可能
○ 24 時間利用可能なトイレ
○ 100V 電源が使用可能
○ 入浴施設が施設内または 15km 圏内にある
○ ゴミ処理が可能
○ 入退場制限が緩やかで予約が必須ではない
○ RV パークの看板の設置（ロゴは協会が作成、設置は施設で行う）

図 5･4　RVパーク認定に必要な 8 つの条件

近年では Carstay のようにキャンピングカーのシェアや車中泊スポットを検索・予約するサービスも立ち上がっています。このようにバンライフを行う環境は徐々に整ってきています。今後はバンライフ、バンライファーに着目したワーケーション企画・事業も探られていくでしょう。

また逆に、キャンピングカーではなくワークプレイスの機能を車に搭載するという方向性も探られています。株式会社ケイワークスはコロナ禍以前から電源も備えたオフグリッド・オフィスカーを展開してきました。2021 年 1 月には新潟県妙高市とダイハツ工業株式会社、株式会社 NTT ドコモ、青山社中株式会社が連携して軽トラックをワーケーションオフィス（モバイルワークステーション）として改装し、実証実験を開始しました。

4 デジタルノマド型──根を張るレベルにある温度差

デジタルノマドとワーケーション

ワーケーションはもともと、デジタルノマドたちのワークスタイル・ライフスタイルを指した言葉でした。コロナ禍によって、デジタルノマドたちはどう変化したのでしょうか。

移動が制限される中で、仕事よりも観光が主目的だったノマドたちは、ビザの制限から、帰国や別の国への移動を余儀なくされました。逆に現地法人を設立するなど根を張ったノマドは、そのまま滞在を続けられています。このように、コロナ禍によってデジタルノマドにもいくつかのレイヤーがあることが可視化されました。

アフターコロナでは、インバウンドの回復により、グローバルに移動する人に向けたワーケーション企画・事業も視野に入ってきます。

一定期間後には拠点を落ち着ける例も

幼少期から親の仕事の関係で海外暮らしを長く経験してきたAkinaさんは、2020年3月にバリ島で開催されたコワーキングに関する国際イベント「CU Asia Unconference」への参加を機に、デジタルノマドに関心を抱いたそうです。

2020年8月にはHafHのグローバルアンバサダーとして海外での展開

図5・5　トルコでデジタルノマドを実践するAkinaさん
（Twitterより）

を担いながら、HafHの拠点やゲストハウスなど日本国内30カ所以上を移動しました。

2020年10月には、ライティングやウェブ制作、グラフィックデザインなど、リモートで従事可能な10の職業を体験しフリーランスとしてのスキルを身に付けるプログラム「ノマドニア」0期生として、東欧のジョージアに1カ月滞在しました。Akinaさんらの成果を踏まえる形で、2022年1月に本格的な開始が予定されています。

Akinaさんがワーケーションで滞在する期間は2週間～1カ月程度で、「会いたい人がそこにいる」ことを場所選びのきっかけにしているそうです。

デジタルノマドたちは、最初は興味の赴くままさまざまな国や地域を転々とするものの、おおよそ5年を超えると、自分が気に入って落ち着く場所が徐々に絞られ、移住したり、多拠点生活の拠点にしたりするケースが増えてくるとAkinaさんはいいます（図5･5）。

アフターコロナを見越したデジタルノマド獲得のために

アフターコロナで、海外から日本への訪問希望は再び高まることが予想されます。デジタルノマドは仕事を持参することになるので、生活コストや自然環境などを重視します。観光を主目的として移動することが前提のデジタルノマドなのか、それとも地域にビジネスの根を張るデジタルノマドなのかといったレイヤーの違いに注意すること。そして「住む」という視点からデジタルノマドたちの関心を呼び込むPRと、年単位の長期滞在を想定したサポートが今後重要になるでしょう。

例えば、観光ビザでは数カ月おきに出入国を繰り返すことになりますが、コロナ禍をきっかけに隔離期間も含めて出入国に関して状況は目まぐるしく変化しています。やはり地域に年単位の滞在をするためには日本では就業ビザや起業ビザなどの取得が必要になり、そのためのサポートが必要になってきます。

海外ではタイやポルトガル、ドバイ（アラブ首長国連邦）などは観光地としても有名ですが、リモートで仕事を行うデジタルノマドが取得しやすいビザを発行することで、デジタルノマドの誘致を政策的に進めています。

アーティスト・イン・レジデンスにみるワーケーションの源流

休暇的な環境で仕事を行うワーケーションは、アーティストが地方で滞在して活動する「アーティスト・イン・レジデンス」にも源流を求めることができます。

徳島県神山町は、アーティスト・イン・レジデンスでの経験をワーケーションにつなげた先進地域です。“創造的過疎”をコンセプトに掲げる神山町は、1997年に「神山アーティスト・イン・レジデンス」を推進しました。担当事務局や自治体がアーティストへの生活支援や空き家活用などを行う中で移住支援ノウハウを蓄え、2007年からは若者移住支援プログラムとして「ワーク・イン・レジデンス」を展開。サテライトオフィスも増え、2011年には社会増に転じました。ワーク・イン・レジデンスは、まさにワーケーションの先駆け的取り組みだったと言えるでしょう。

伊勢市の「クリエイターズ・ワーケーション」

一方で、2000年に新潟県妻有で始まった「大地の芸術祭」や、2010年に直島などを中心にスタートした瀬戸内国際芸術祭などに代表されるように、地方でアートフェスティバルが盛んになっています。近年ではビジネス領域でもアート思考への注目は高まっており、ワーケーション企画・事業において、アートやアーティストは重要な要素でありステークホルダーとなりつつあります。

最近の注目事例として、2020年に三重県伊勢市が実施した「クリエイターズ・ワーケーション」事業が挙げられます。伊勢市外に在住する文化・芸術分野のプロのクリエイターを100名程度募集し、2020年11月から2021年3月までの期間、市内宿泊施設に6泊〜13泊の宿泊をしながら、それぞれに創作活動に取り組むというものです。プログラムには全国から1,271名の応募があり、最終的には92組130名のクリエイターを選出。

図5･6 クリエイターズ・ワーケーションのnoteページ

宿泊費などは伊勢市が負担しました。

滞在中の作品制作に加え、注目したいのは、ブログサービスnoteとの連携によりオンライン上で拡散された数多くの「滞在記」です。伊勢神宮など有名な観光名所から、まちの何気ない光景まで、イラスト・写真・文章で多くの参加者が綴っています。こうしたクリエイター目線での発見や表現は、観光ガイドブックとは一味違い、住むように滞在することの魅力がよく伝わるものになっています。

この事業に触発された他地域の企画・事業も続いています。例えば、公益財団法人静岡県文化財団内の組織「アーツカウンシルしずおか」は、2021年9月に「マイクロ・アート・ワーケーション」をスタートさせました。地域性を踏まえて自らの創造性を発揮できるアーティストを「旅人」として募集しつつ、同時に「ホスト」として彼らを迎え入れ、地域の紹介や住民との交流を支援する団体も募集するものです。結果として、旅人（アーティスト）には223名、ホストには18団体から応募があり、最終的には64名の旅人（アーティスト）、16団体のホストが選定されています。

ワーケーションコンテンツとしてのアート鑑賞

第4章で触れたANAとパソナJOB HUBによる「アートワーケーションプログラム」も注目したい事例です。長野県塩尻市、鳥取県鳥取市、広島県三原市でのマイクロビエンナーレに、都市部のワーカーがワーケーションツアーを実施。地域の魅力にインスピレーションを受けて制作されたアート作品の鑑賞や、現地のイノベーターとの交流、地域課題などをテーマにしたワークショップに参加します。これは地域の新たな魅力の発見や、地域・職種を超えたコミュニティの形成を目指したもので、アート鑑賞を目的の1つとした訪問・滞在をワーケーションのコンテンツとして成立させることに成功しています。

Part III どのようにワーケーションの受け入れを事業化するのか？

第6章

ワーケーションを
どのように活用するのか？

1. 企画・事業の基本的なプロセスと構造

ステークホルダー同士のバランスや思惑を考慮する

本章では、ワーケーションの企画・事業化を進める担当者として、ワーケーションをどのように捉えて、活用していくべきかを考えていきましょう。自治体においてワーケーション受け入れを企画・事業化するのは、観光関連の担当部署だけではありません。例えば第4章で取り上げた鳥取県では関係人口推進室が、長崎県五島市では地域協働課が、和歌山県では情報政策課が、静岡県下田市では産業振興課が、それぞれワーケーション企画・事業の中心を担っています。

ワーケーションの担当部署は、大きく分けると観光・産業・移住に整理できます。第3章でも触れましたが、意識すべきなのは、これらの部署における担当領域に横串を通すものとしてワーケーションがあるということです。

例えば関係人口推進室がワーケーションを主に担当する場合でも、関係人口の増加だけでなく、観光や産業の面でもメリットが生まれるように組み立てる必要があります。また、ある担当領域によるワーケーションのための施策が、他の担当領域に負担を生じさせてしまう可能性のある場合、そのデメリットを受け入れられるような施策の組み立てや調整が必要になってきます。観光・産業・移住のバランスと重なりを意識しながらワーケーションを位置づけられている地域が成功していると言ってよいでしょう。

同時に、自治体内部だけではなく、ワーケーションに関わるさまざまなステークホルダーの思惑を踏まえ、企業のワークスタイルや都市部のワーカーのライフスタイルも考慮に入れる必要があります。第4章でみた三菱地所、JMAM、NTTコミュニケーションズなどの企業は、観光とは異なる文脈からワーケーションを提案しています。また、長崎県五島市や徳島県美馬市といったこれまで著名な観光地とは言えなかった地域も、あえてそこに赴いて働く文脈をうまくつくりながら展開しています。このように観光を起点とするだけではなくワークスタイルやライフスタイルを起点としたワーケーションもポテンシャルは大きいです。

タクティカル・アーバニズムを取り入れたワーケーション

地域がワーケーションに取り組む際、施策の実施期間や予算の規模を最初から大きくすることは得策ではありません。関係する部署や組織との調整に時間を要するためです。

ワーケーションの展開に成功している地域は、主要な部局・部署が、比較的小規模な予算で実行できる範囲、例えばまず1件の施設整備やイベントの開催からスタートし、継続に努め、徐々に巻き込む範囲を増やすことで、全体の施策や制度といった大きな流れにつなげています。つまり、まずは小さな取り組みから実行してみるところがポイントです。

ワーケーションが今後どのような展開を迎えるのか、まだ予想がつきづらい状況にあります。多くの情報を集めたり、トップダウンで各所と調整し中長期的な戦略を立てたりすることは重要ですが、同時にスモールステップ、ボトムアップでタクティカル（戦術的）な活動の展開も必要です。

長期的で高額な費用がかかる事業を実現するため、まずは市民や地域団体を中心として、仮設的なアクションを臨機応変に反復させながらユーザーエクスペリエンスを向上させるアプローチは、「タクティカル・アーバニズム」と呼ばれています（図6･1）。タクティカル・アーバニズムとは「“意図的に”長期的な変化を触媒とする、短期的で低コストかつ拡大可能なプロジェクトを用いたコミュニティ形成のアプローチ」と定義さ

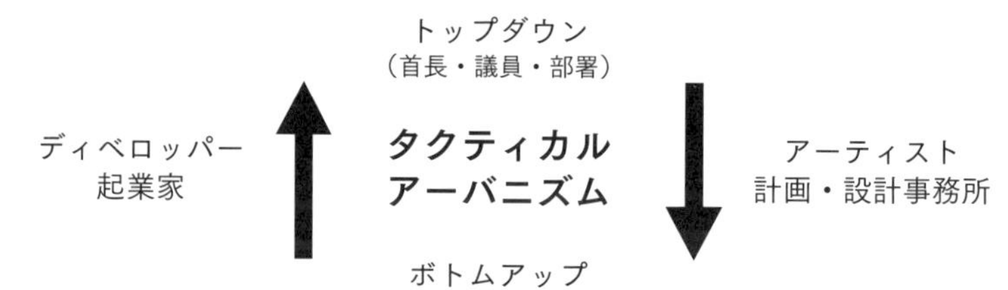

図 6･1　タクティカル・アーバニズムの構造

れています。[注1] 2000年代半ば以降欧米などの都市で注目されてきましたが、近年日本でも各地で実践が広がりつつあります。

こうしたタクティカル・アーバニズムのコンセプトはワーケーションの企画・事業化においても有効です。例えば、岐阜県美濃市で実施されている取り組みはその好例です。美濃市の「うだつの上がる町並み」は1999年に重要伝統的建造物群保存地区に選定されており、2014年には本美濃紙「日本の手漉き和紙技術」がユネスコ無形文化遺産に登録されました。2021年7月にこのエリアにある相生町長家をリノベーションしたシェアオフィス兼ゲストハウス「WASITA MINO」がオープンしました。WASITAとは“Work and Stay in Traditional Area”の頭文字で、滞在しながら働くワーケーションが体験できる空間です。

WASITA MINOは、図6･2のように、古民家の改修などを手がける「みのまちや株式会社」、大垣市の印刷会社である「サンメッセ株式会社」などが出資した「みのシェアリング株式会社」によって運営されています。町並みの保存や観光振興のために、岐阜県や美濃市は補助金で支援し、このエリアにある飲食店などはWASITA MINOと連携することで活性化を目指します。

WASITA MINOが打ち出す「町ごとシェアオフィス」というコンセプトを具体化したツールの1つが、モバイルWi-Fiルーターやモバイルバッテリーと一緒に提供される「まちごとワークタンブラー」です。WASITA

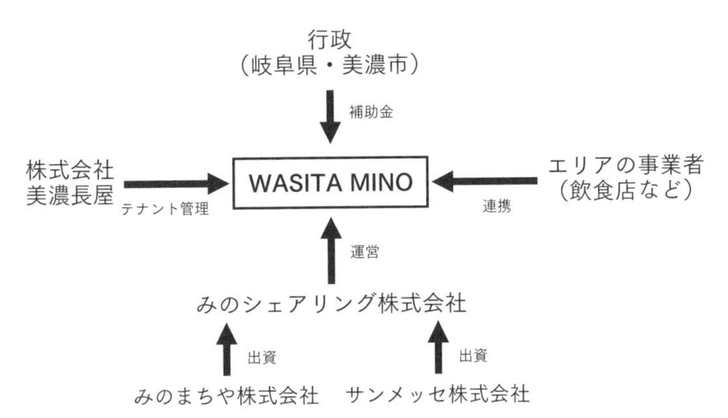

図 6･2　WASITA MINOを取り巻くステークホルダー

MINO 以外の近隣提携施設にこのタンブラーを提示すると、無料でドリンクが提供されます（図 6･3）。

地域の魅力を体験できることがコンセプトに掲げられた取り組みは各地で見られますが、どうしても中心となっている拠点に留まりがちです。この点、「まちごとワークタンブラー」は、地域に滞在して働くワーカーの「社員証」のような機能を持たせることで、利用する拠点だけではなく、地域内のさまざまな場所を訪れるきっかけを生む工夫がなされています。

図 6･3　まちごとワークタンブラー
（提供 WASITA MINO）

2.ステークホルダーとの共創的なアプローチ

解決型思考による企画の陥穽(かんせい)

ワーケーションに注目が集まる中で、受け入れる側にせよ実践側にせよ、とにかくワーケーションをすれば自分たちのさまざまな課題が解決すると思い込むケースは少なくありません。

うまくいっている地域や企業をよく見てみると、ワーケーションを、自分たちの課題に対する「解決法」ではなく、むしろ自分たちが向き合っている課題を改めて考え直すための「問い」だと捉えています。この姿勢が、ワーケーションの企画・事業にさまざまなステークホルダーを巻き込み協力的に展開する構造を可能にしています。

逆にうまくいっていない企画・事業には、独りよがりな解決型思考の陥穽にはまっているケースが散見されます。自分たちの課題解決だけを考えていると、多様なステークホルダーを巻き込むことが難しくなります。

例えば、ワーケーションのモニターツアーには参加してもらえるが、それ以降の展開につながらないと悩む自治体も増えています。こうした企画においては、モニターツアーに参加したワーカーから、名所巡りやアクティビティが詰め込まれた行程に疲れて、仕事には集中できず終わってしまった、という声を聞くケースが少なくありません。

自治体が関係人口の創出を目的にしたワーケーションを企画しても、そこに参加する都市部の企業やワーカー、地域の企業も同じ課題を共有しているとは限りません。それぞれの課題や希望があり、それを解決、満たすのであれば、そのワーケーション企画にぜひ参加したいと思うでしょう。

一方で、自分たちの課題解決のために良かれと思ってやっていることが相手にとっては効果がない、むしろ逆効果ということがあるのです。

ワーケーションを「問い」として捉える

先に、多様なステークホルダーを前向きに巻き込むためには、ワーケーションを「問い」だと捉えることがポイントだと述べました。

なぜ課題に対して解決よりも「問い」が大切なのでしょうか。安斎・塩瀬は「問い」を「人々が創造的対話を通して認識と関係性を編み直すための媒体」と位置づけ[注2]、認識と関係性の固定化が、本当に解くべき問題を見失わせることを指摘しています。

ここで言う「認識の固定化」とは、当事者に暗黙のうちに形成された前提知識や固定観念により、物事の深い理解や創造的な発想が阻害されている状態を指します。例えば、「観光とはこういうものである」とか「働くとはこういうものである」という思い込みがそれにあたります。

一方で「関係性の固定化」とは、当事者同士の認識に断絶があるまま関係性が形成されてしまい、相互理解や創造的なコミュニケーションが阻害されている状態を指します。地域が期待する関係人口のあり方と都市部の人

図 6･4　解決法／問いとしてのワーケーション

が期待する関係人口のあり方が異なっていることなどがその例です。

安斎・塩瀬は創造的な問題解決のためには、この固定化された認識や関係性を揺さぶることが重要で、そのために良質な「問い」の設定が必要だと主張します。もちろんワーケーションは、さまざまな課題の解決につながる有効なアプローチです。しかし、とにかくワーケーションを実践すれば解決するという考えは、思考停止につながりかねません。そのため、一見遠回りに見えても、まず「問い」としてのワーケーションを捉えることが、特に企画段階において重要になるのです（図6•4)。

各ステークホルダーの目標の交点に「課題」を設定する

関係人口の創出や社員の生産性向上、地域経済の活性化など、ワーケーションで解決が期待される課題の多くは、それぞれのステークホルダーが単体で解決できるものではありません。さまざまなステークホルダー同士の関係性の中で、協力したり支援したりして巻き込みながらでしか解決できない課題がほとんどです。

例えば、社員の生産性向上のためにワーケーションの導入を検討している企業と、関係人口を増やす目的でワーケーションを推進している自治体の担当者がいたとしましょう。そこで単に「生産性を上げるためのワーケーション」を掲げても、自治体にとっては目的の達成につながることが十分に期待できません。お互いの思惑がすれ違うことがないよう、まず双方の目的達成につながり、前向きに取り組める「課題」の設定が必要なのです。言い換えると、両者が解決すべきと前向きに合意された交点にあるものこそが、両者にとっての「課題」です。

そして、なぜそれに取り組むべきかという点も含めて言語化されたものが、パーパスと言えます。ワーケーションのステークホルダーは、当初は企業と自治体だけだったとしても、事業化が進む段階、あるいは実践を重

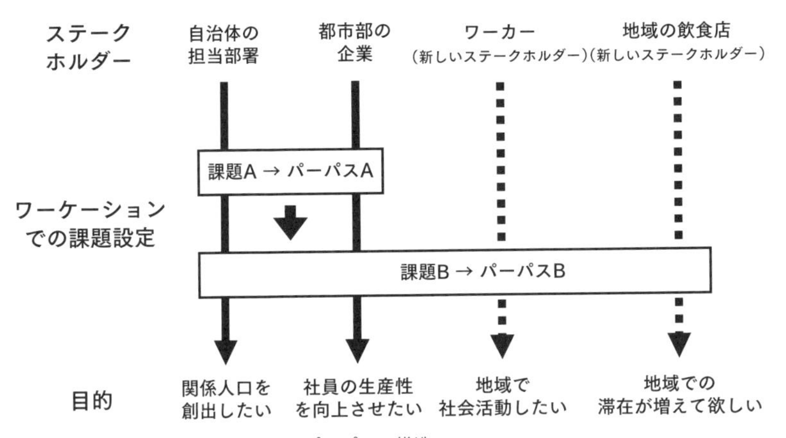

図 6･5　ステークホルダーと課題・パーパスの構造

ねる段階で、地域の観光事業者や市民などが新たに加わってきます。新たなステークホルダーが抱く各々の目的をうまく事業全体の中に位置づけ、前向きに取り組んでもらうために、全体の「課題」とパーパスも新たに設定する必要も出てくるでしょう（図 6•5）。

ワーケーションの企画・事業担当者は常に「課題」とパーパスに向き合い、握りつづけることが求められます。

概念を創造するイノベーションとしてアプローチする

ワーケーションをステークホルダーが前向きに検討できる「課題」を設定するにあたっては、従来の観光の文脈でのブランディングやマーケティングではうまくいきません。特にこれまで観光地でなかった地域で一からワーケーションに取り組む場合はなおさらです。

一方で、観光地でなければワーケーションがうまくいかないということでもありません。観光地にはリソースはあるものの、これまで築かれた地域のイメージに強く影響を受けてしまい、新しい取り組みに乗り出しづら

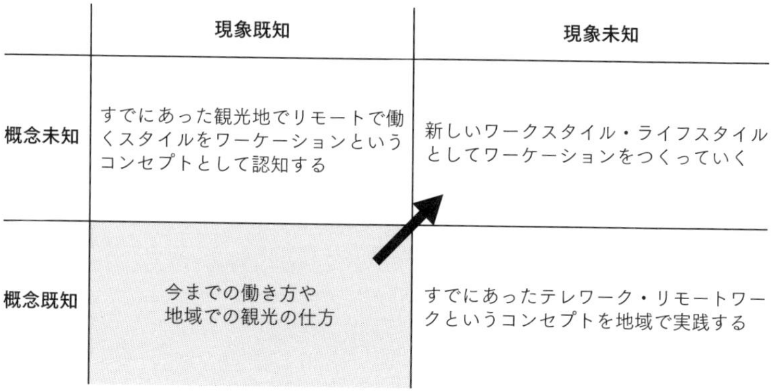

	現象既知	現象未知
概念未知	すでにあった観光地でリモートで働くスタイルをワーケーションというコンセプトとして認知する	新しいワークスタイル・ライフスタイルとしてワーケーションをつくっていく
概念既知	今までの働き方や地域での観光の仕方	すでにあったテレワーク・リモートワークというコンセプトを地域で実践する

図 6･6　イノベーションの見取り図（永山（2021）を元に筆者作成）

いデメリットも抱えているからです。

地域・企業・ワーカーをはじめ、ステークホルダーに新しい付加価値を与えるワーケーション企画・事業にするには、「概念創造型[注3]」イノベーションを目指すことが重要になります。「概念創造型」イノベーションとは、もともと現象として存在していたものを概念として捉え直す「概念発見型」、逆にもともと概念として提唱されていたものを現象として具現化させる「概念具現化型」ではなく、概念としても現象としても新しい領域を目指すイノベーションのアプローチを指します（図 6･6）。

例えば、リゾート地で働くデジタルノマドやブリジャーといったかねてから存在してきたワークスタイル・ライフスタイルの延長としてワーケーションという名前をつけて理解するのは「概念発見型」の考え方です。しかし、ワーケーションと名前をつけただけでは現象として可視化されるものの、それが地域経済の発展や関係人口創出につながるわけではありません。

一方で、以前からコンセプトとしては存在しつつ、コロナ禍を機に実践する人が増えたテレワークの延長としてワーケーションを捉えるのは「概念具現化型」の考え方です。このアプローチは、短期的には成果が見えやすいですが、すでに指摘されてきた現象を具現化する解決法であって、さ

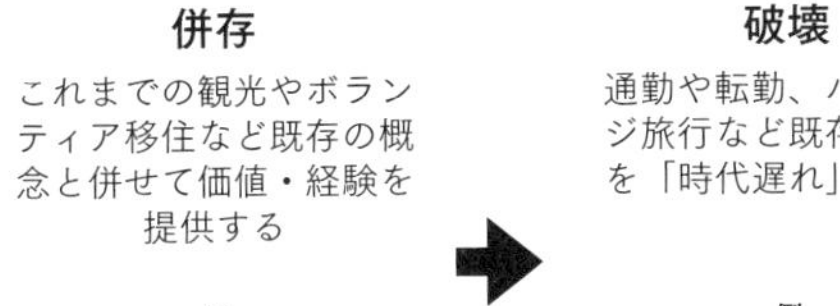

図 6･7　概念創造型イノベーションのプロセス（永山（2021）を元に筆者作成）

まざまなステークホルダーが自分たちの課題を発見し、前向きに取り組める「問い」にするには概念自体が未知であることが必要になります。

つまり地域の社会課題にも取り組むワーケーション企画・事業にしていくためには、概念も現象も未知なものとしてのワーケーションを創り出そうとする姿勢が重要なのです。では新しい概念をどのように創造していくのでしょうか。

一般に概念は「併存」「破壊」、そして「結合」というプロセスを経ます（図 6･7）。ワーケーションでいえば、まず当初は「おためし移住」や「おてつだび」といったように、移住やお手伝いなど既存の概念と併せて「○○のようなもの」としての価値や体験の提供がなされ、認知が広がっていきます。

次の段階として、ワーケーションが広がっていく中で、NTT などの転勤なき移住のように転勤･単身赴任の廃止といった取り組みがなされたり、HafH や ADDress のように住むことに関するサブスクリプションモデルなど新しいビジネスが徐々に展開されたりします。これにより、通勤や転勤、宿泊といった、これまで当たり前だと思っていた制度や仕組みが「時代遅れ」になっていきます。

そして、まったく新しい概念としてワーケーションが捉えられる段階になると、例えば親子ワーケーションを念頭に置いた教育サービスや、アドレスホッパー用の保険サービスなど、他の領域と結合した新たなマーケットやビジネス、そして地域社会のあり方について新しいモデルが生まれます。

このように、新しい地域のあり方を創造するのであれば、ワーケーションを概念創造型イノベーションとして企画・事業化することまでを射程に入れて行うことが重要です。

3. 自律型人材の育成環境・施策としての展開

自律型人材への注目

企業において上司から部下へのマネジメントは重要な課題ですが、近年では上司からの細かな指示がなくても自分で判断して行動し、成果を上げる主体性を持つ自律型人材も求められています。指示を忠実に守るだけであればAIやロボットなどに置き換えられます。また、テレワークをはじめ柔軟な働き方が広がっていく、あるいは広げていくために、こうした自律型人材を確保したり、育成したりする重要性が高まっています。

自律している人ほどワークエンゲージメントや組織への共感・愛着、不測の事態での主体的活動は高まるという調査結果があります[注4]。先行きが見通せない社会において、地域、企業では自律型人材の確保、育成が急務です。社会全体でも、そうした人が認められ、成長する環境を整えていくことが重要でしょう。ワーケーションは、地域・企業・社会全体で自律型人材を育成するための有効なアプローチとして活用できます。

主体性には「意図性」「先の見通し」「自己反応性」「自己省察性」の4

主体性の4つの要素

意図性	先の見通し
自分の目標に向けて計画し、行動を起こす。	将来を考えて現在の行動を選択。一貫性やストーリー。
自己反応性	**自己省察性**
状況に応じて動機づけや抑制するコントロール。	自己の客観的な振り返りや検証。

図6・8　主体性の4つの要素（Bandura (2006) を元に筆者作成）

社員の自律を促すために企業や人事にできること

➡**自己決定志向の育成**
主体的に行動したことが損になったり過剰に責任を問わない環境や評価制度を整える。

➡**仮説志向の育成**
自己理解やキャリア開発などの機会やトレーニング。上司との 1on1 ミーティングなどによるサポート。

➡**自律支援型マネジメント**
上司が部下のやり方を尊重したり、必要な情報、振り返りの支援を行う。

➡**自己成長や人生の充実、社会の役に立つ実感の向上**
キャリア研修やトレーニングでの成長目標や人生の指針を持つことを支援。経営層による理念の浸透や社員の社会経験の奨励など。

➡**他社・他部署との連携を必要とする職務設計**
個人に閉じた仕事や役割ではなく他者との協働による仕事や役割の実感することを促進する。

図 6・9　自律型人材育成のポイント（リクルートマネジメントソリューションズ（2020）を元に筆者作成）

つの要素があると言われています[注5]（図 6・8）。自律型人材を育成するためには、こうした要素が伸びる環境やシステムが必要になります。また前述の調査では、社員の自律を促すために企業や人事にできることとして 5 点を挙げています（図 6・9）。地域における社会課題解決型のワーケーションには、これらの項目の多くが含まれていることが分かります。

受け入れ地域にも自律型人材が必要な理由

自律型人材の重要性は受け入れる地域においても同様です。ワーケーションを受け入れる地域の人材と実践する企業の人材とが、それぞれ他律型人材・自律型人材であった場合の組み合わせを考えてみましょう（図 6・10）。

まず、どちらも他律型人材ならワーケーション企画・事業は形だけのワーケーションになってしまいます。では、どちらかだけが自律型人材だとするとどうでしょう。

企業の参加者だけが自律型人材だと、地域が振り回されるワーケーショ

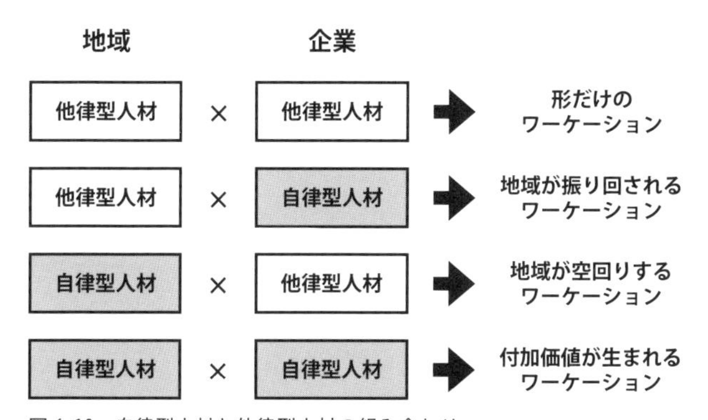

図 6・10　自律型人材と他律型人材の組み合わせ

ンになり、また参加者も満足せずに関係性は長く続きません。一方で、地域側だけが自律型人材だと、地域の住民や事業者との交流などコンテンツを短い期間に盛り込みすぎる「地域が空回りするワーケーション」になってしまいます。それでは参加者が疲れて仕事どころではなかったり、地域の活動に強制的に参加させられていると感じたりして、永続的な関係になりません。地域と企業双方の主体が自律型人材であれば両者の相乗効果で「付加価値が生まれるワーケーション」になります。これこそが、目指すべきはワーケーションのありようです。

もちろん最初から自律型人材が揃っていない場合も少なくありません。その場合、自律型人材を仮定してワーケーション企画・事業をつくるのではなく、自律型人材を育てる要素をワーケーション企画・事業に組み入れることが重要になります。自律型人材によって社会課題解決型ワーケーションを展開するだけではなく、社会課題解決型ワーケーションによって自律型人材を育てる視点で企画・事業化するとよいでしょう。

受け入れ地域が企業の人材を、一方で企業も地域の人材を自律型人材にすべく、こまやかなヒアリングによって現状を分析することで協力し合う関係性を構築できると、より効果的です。

4.「創造的脱力」による企画・事業の創出プロセス

「ゆるいコミュニケーション」とは

ここまでワーケーションは既存の観光や働き方の改善ではなく地域のあり方を含めて変えていくソーシャル・イノベーションだと指摘してきました。しかし既存のシステムが限界だからといって、すべて壊して抜本的な改革や新しい答えを目指すばかりでは、理想論に陥ってしまい現状を変えるのが難しいこともあります。

ここで紹介したいのが「ゆるいコミュニケーション」という考え方です。慶應義塾大学特任准教授で事業プロデューサーでもある若新雄純は、既存の枠組みを「ゆるめる」ことで変容を進めていく姿勢を「創造的脱力」と呼んでいます。そして、各自がそれを実践しつつまとまるための関わり合いを「ゆるいコミュニケーション」と名付けています。若新によればこれは、脱力した中でまとまるために、1人ひとりが自分の好奇心や欲求、そこで得られた体験や感情などを時にぶつかりながら共有する関わり合いです。[注6]

地域の魅力や企業での魅力的な働き方を創造するにあたって、「ゆるいコミュニケーション」は重要です。女子高生がまちづくりに参加する福井県鯖江市の「JK 課」は、その好例と言えるでしょう。

JK 課は、条例などによる正規の行政組織ではなく、1つのプロジェクトです。2014 年に「市民主役」「市民協働」のまちづくりを推進するため、若者・女性の参画を推進する「社会実験的な事業」としてスタートしました。地元の女子高生がまちを楽しむために自発的にやりたいと思ったことを形にすべく、スイーツの開発・販売や若者向け選挙啓発動画の撮影など、

ゆるいコミュニケーション≠いい加減

・固定されていないのにつながっている
・強制されていないのに参加する
・必要に迫られていないのに欲している
・細かなことは決まっていないのに全体として成り立っている
・脆そうに見えてまとまっている

図 6･11　ゆるいコミュニケーションの性質（若新（2015）を基に筆者作成）

地道に活動を続けてきました。こうした活動が評価されて、2015 年にはふるさとづくり大賞「総務大臣賞」、2019 年には地域づくり表彰「全国地域づくり推進協議会会長賞」、「第 11 回協働まちづくり表彰」グランプリなど評価を得ています。

こうした JK 課の活動は、地域の活性化など必要性や切迫度から「やらねばならない」と力を入れるのではなく、個人のやりたいことや好奇心を出発点に脱力する、「ゆるさ」がポイントになっています。KPI や達成目標を設定するのではなく、自発的な活動を周りがそれを受け入れ、支援することを重視したものです。

図 6･11 で挙げたような「ゆるいコミュニケーション」の要素は、実は魅力的なワーケーションの条件とも言えます。言い換えれば、制度化されて内容が決まり切っているのではなく、地域・企業・ワーカーともに実験的にやってみたいことを展開できる余地（ゆるさ）を帯びていることが重要です。先ほど述べた自律型人材も、こうした条件下でこそ育成されていくのです。

「創造的脱力」でワーケーションを企画・事業化する

では、ゆるいコミュニケーションによる創造的脱力を活かしたワーケーション企画・事業化をどのように進めるのでしょうか。そのプロセスは以下のようにまとめられます（図6•12）。

現状を理想にそのまま展開しようとするとなかなかうまくいきません。そのために一度、非日常で不確かな「ゆるい」プロセスを経る必要があります。先ほど挙げた鯖江市のJK課も、今でこそ多方面から認められた活動になっていますが、若者の地域貢献への意識に対する無理解な声や、一生懸命さではなくゆるさを打ち出したネーミングへの批判も当初には多かったといいます。

ワーケーションにおいても、地域でのタクティカル・アーバニズムを活かした実験やプロトタイピングを「まずやってみる」ところからスタートすることが重要です。1人の自治体職員、1人のワーカー、1つの企業からまず取り組み、評価・検証を重ねて改善しながら、魅力向上を目指します。そういった意味でも、ワーケーションの企画・事業化において1人ひとりの顔が見えることは重要です。魅力的なワーケーション企画・事業には必ずといっていいほど「人」と結びついています。

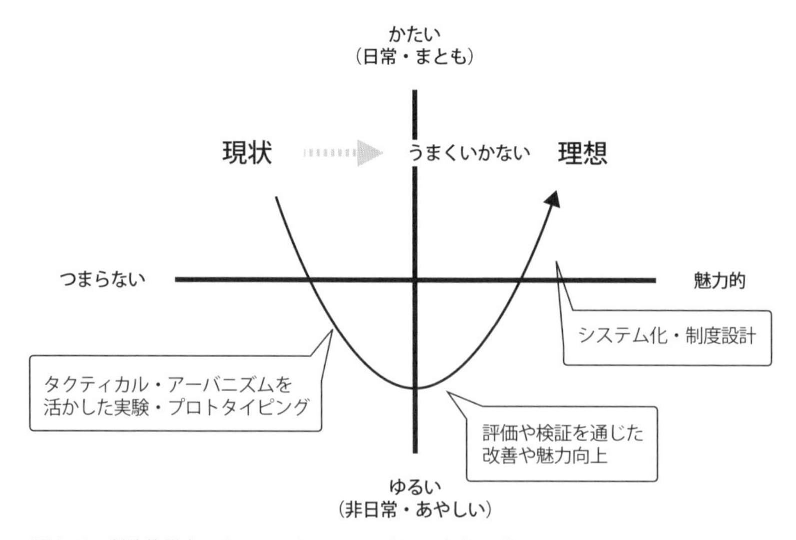

図6•12　創造的脱力によるワーケーション企画・事業のプロセス（若新（2015）を基に筆者作成）

その後、システム化や制度設計を行い、「かたい」理想として浸透・定着していきます。

前章までに見てきた受け入れ地域や実践企業も、最初から理想の状態にできたわけではなく、一連のプロセスを、スピード感を持って進めてきたところがほとんどです。

次章では具体的に企画・事業化するためのコツやツールを紹介していきたいと思います。

[注]

1. 泉山塁威ほか編著（2021）『タクティカル・アーバニズム　小さなアクションから都市を大きく変える』学芸出版社
2. 安斎勇樹・塩瀬隆之（2020）『問いのデザイン　創造的対話のファシリテーション』学芸出版社
3. 永山普（2021）「人々の価値観と習慣を変える『概念シフト』のイノベーション」『DIAMOND ハーバード・ビジネス・レビュー』2021 年 4 月号、ダイヤモンド社。永山は、概念をシフトさせるイノベーションの類型について、概念未知と概念既知、現象未知と現象既知の 2 軸で、概念発見型（概念未知×現象既知）、概念具現化型（概念既知×現象未知）、概念創造型（概念未知×現象未知）と整理している。
4. リクルートマネジメントソリューションズ（2020）「自律的に働くことに関する実態調査」(https://www.recruit-ms.co.jp/press/pressrelease/detail/0000000322/)
5. Bandura, A. (2006). "*Toward a psychology of human agency,*" Perspectives on psychological science, 1(2), 164-180.
6. 若新雄純（2015）『創造的脱力　かたい社会に変化をつくる、ゆるいコミュニケーション論』光文社

第7章

「三方良し」なワーケーションをつくるために

1. ハード資源から ソフトのコト・ヒト資源へ

ハードな観光資源には限界がある

ワーケーションで地域に人を惹きつけるためには、ワーケーションを行うために必要とされる資源、いわば「ワーケーション資源」がポイントになります。ワーケーション資源は、①既存の観光資源を活用・転用することができるものもあれば、②新たに発掘するものもあります（図7･1）。

まず、すでに地域にある観光資源をワーケーション資源として活用・転用するのはイメージしやすいでしょう。宿泊施設をはじめとする既存の施設で、一部の部屋を会議室やコワーキングスペースとして利用できる空間に改装したり、Wi-Fi環境を整えたりすることが考えられます。その際、例えば伝統・文化や自然環境保護に関わる助成金や補助事業を活用して、地元の蔵や屋敷をコワーキングスペースなどにリノベーションし、その地域ならではの価値を帯びた空間として整備していくのもよいでしょう。

しかし、こうしたハード面の整備は目的が明快で予算化しやすいですが、

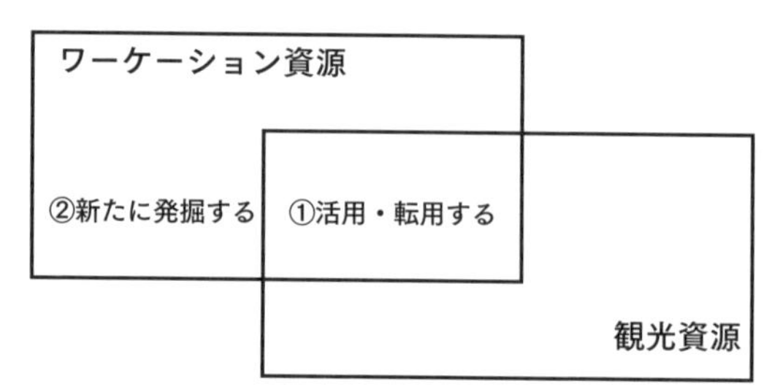

図7･1　ワーケーション資源と観光資源との関係性

それだけでは十分ではありません。なぜなら、単に都市部のオフィスと同じ環境が用意されているだけでは、企業にとってあえてワーケーションを実施する理由にはならず、また他の地域との差別化も難しくなるからです。

当たり前の日常にこそ見出されるコト資源

そこで、これまで観光の文脈で活用されてこなかったにもかかわらず、ワーケーションの文脈では価値を持つ資源を新たに発掘することも考えるべきです。この種のワーケーション資源は、施設などハードなものではなく、地元ならではの食や暮らしている人、夕日や川のせせらぎ、散歩に適した静かな小道のような環境といったソフトなものが中心となります(図7･2)。

図7･2　ワーケーションが盛んなバリ島のチャングーでは、夕日を見るために多くの人が海岸沿いのカフェやバーに集まる

地域には、地元の人にとっては当たり前の日常にあるものでも、ワーケーションでやってきた人にとっては非日常的で貴重だと思えるものが多く眠っているはずです。観光ではなく、ワークスタイル、ライフスタイルの１つの形態であるワーケーションにおいては、「日常」を感じられるものこそがむしろ貴重な資源となるのです。

モノ消費からコト消費への転換が指摘されているように、ワーケーション資源についても、モノ資源だけではなくコト資源を発掘していくことが重要になります。これまで観光資源には恵まれていないと思っていた地元に、実はワーケーション資源が豊富にあると気づけば、地域の新しい魅力創出の契機になるかもしれません。

純粋な観光ではないワーケーションで地域を訪れる人は、名所や名物をあちこち訪ねて回るのではなく、仕事の前後に歩いて行ける範囲で過ごすケースも少なくありません。

また、通常の観光よりも長期間の滞在となることも想定しなければなりません。観光政策においては、週末に１泊２日、せいぜい２泊３日の滞在を想定し、名所や名物を嗜むアクティビティを整備するイメージが一般的でした。確かに１日や２日程度の滞在となる観光客であれば、地域の名所や名物を限られた時間で効率よく楽しみたい思う人は多いでしょう。しかし、滞在時間がもっと長くなるワーケーションではどうでしょう。どれだけ見応えのある名所や美味しい名物でも、毎日続けて楽しむことは考えづらくなってきます。

ワーケーションではむしろ「せっかく長期間来ているのだから」という志向を軸にした資源が貴重になります。例えば、博多はモツ鍋や博多ラーメンが特に名物と言えますが、実はうどんにも独自の特徴があります。１日や２日だけの滞在であれば、まずはモツ鍋や博多ラーメンを楽しむかもしれませんが、３日以上の滞在となれば、一通り他の名物を食べたあとで、「せっかくだから」と博多うどんを食べてみたくなるのではないでしょうか。

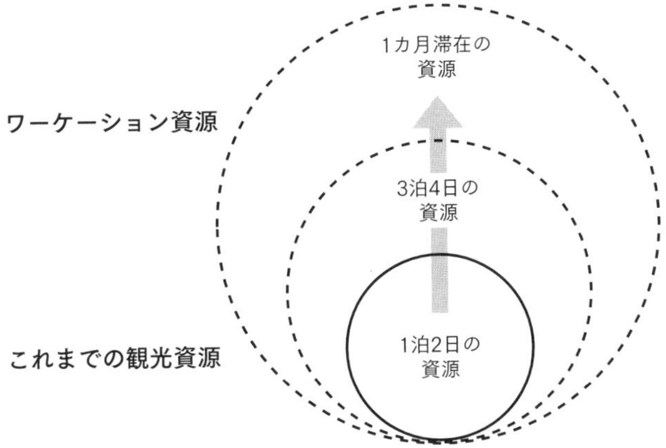

図 7･3　ワーケーション資源のイメージ

また、より長期の滞在になれば、外食ではなく、自分で料理をしたくなる人もいるでしょう。そのためには自炊できる台所が部屋に備わっていたり、地元の食材を購入できる店が近くにあったりすることなどもポイントになってきます。

このように、ワーケーションには1泊2日のための観光資源だけではなく、3泊以上や1カ月程度の滞在なども見越したワーケーション資源の発掘がポイントになります（図 7･3)。

名物・名所からヒトへ

観光資源というと名物や名所が重視されがちですが、ワーケーション資源として最もポイントとなるのは「ヒト」です。ワーケーションのグッドプラクティスと言われる地域には、必ずと言っていいほどキーパーソンとして名前の挙がる人がいます。例えば第4章で紹介した徳島県美馬市の「ADLIV」を運営している中川さんはその好例と言えるでしょう。

また地域の住民や企業との交流やコラボレーションの企画をしたり、施設を運営したりしている受け入れ側の人だけではなく、その地域のファンになり、ワーケーションで定期的に通っている人も、他のワーカーを呼び込むきっかけになる可能性をもったキーパーソンであると言えます。第5章で紹介した親子ワーケーションを展開する今村さんや児玉さんも、自身が実践するだけではなく、それを広く発信することでさらに人を呼び込むきっかけとなっています。実際に鳥取県は、今村さんを「鳥取県ファミリーワーケーションプランナー（兼モデレーター）」に任命し、県内でのファミリーワーケーション実施のための方策提案やモニターツアー企画などを依頼しています。

このようにワーケーション資源を開発・発掘する際には、自分たちの地域にどのようなモノがあるのかだけではなく、どのようなヒトがいるのか、そして通ってくれている魅力的なヒトにもアンテナを立てておくと、そこを起点としたワーケーション企画・事業も可能になります。

地域への「関わりしろ」を確保する

「自分たちの地域には観光資源がないので、ワーケーションの誘致や推進が難しい」という声を聞くことがあります。しかし資源の乏しさや課題の多さそのものが、社会課題解決を目的の１つにしたワーケーションを呼び込む資源になると捉えることもできます。

地域の社会課題解決というと、豊かな都市部と比較して足りないものをマイナスとみなし、それをゼロにしようとする取り組みがイメージされます。しかし、ゼロをプラスにしたり、ゼロに価値を見出したりすることとして捉えるほうが、ワーケーションで訪れる人にとっては、地域と一緒に取り組む余地が生まれます。

現地の社会課題は、なくすべきものであると同時に、訪問する人が関わるための余白、つまり「関わりしろ」でもあるのです。むしろ、受け入れ

図 7･4　島根県海士町の「ないものはない」ロゴマーク（出典：海士町ウェブサイト）

る地域側がすべてを準備・提供してばかりでは、ワーケーションで訪れる人にとっての関わりしろがなくなり、あくまで「お客さん」にとどまってしまいます。

例えば地域活性化で注目されている島根県海士町は、2011 年に「ないものはない」をスローガンに掲げました（図 7･4)。「ないものはない」は「ないものはなくていい」「大切なものはすべてここにある」という意味を重ねています。こうした視点は持続可能な社会・地域をつくっていく上で有益なものです。

一方で避けたいのは、ワーケーションで訪れる人を、地域に奉仕するボランティアであるかのように捉えることです。課題解決のための単なる労働力としてではなく、パートナーとして一緒に取り組む姿勢が求められます。

教育を起点に長期的な関係を築く

地域にとってパートナーになるようなワーカーと関係を築くために、ワーカーになってからではなく、まだ子どものうちから関係を築き、その後ワーカーになるまで、あるいはなってからも継続的に発展を図ることは有効なアプローチです。

日本でも、軽井沢の風越学園（2020年開校）や長野県佐久穂町にあるイエナプランスクールの大日向小学校（2018年開校）などによって教育移住が増えています[注1]。また2022年には広島県福山市に同じくイエナプランスクールの常石ともに学園、岩手県安比高原にイギリスの伝統校であるハロウスクールが運営するハロウインターナショナルスクール安比ジャパンが開校されます。

ここで重要な要素となるのが、そこに通う児童・生徒・学生にとって、その地域ならではの課題について考えたり取り組んだりするための関わりしろです。

参考になる例としてバリ島の「グリーンスクール（Green School）」があります（図7･5）。多くの生徒が国外出身のインターナショナルスクールで、この学校への入学を目的に親子連れで島に移住する人も少なくありません。環境問題を重視する教育活動が展開されており、例えば2021年には、地元の特産である竹でミツバチの巣をつくるプロジェクトが進められました。ミツバチは受粉媒介者として食糧の確保や生態系の多様性にも大きく関わっています。農林業が盛んな地域にとってミツバチが住みやすい環境をつくることは重要で、それを地域の特産品を活用した教育プログ

図7･5　グリーンスクールの授業風景
（出典：グリーンスクールのウェブサイト）

ラムとして実践する活動は興味深いものです。このように、地域の特性を活かして環境など地球規模での問題を学ぶことが、「質の高い教育」や「魅力ある教育」として注目を集めています。

一方で、教育目的での移住はハードルの高いものです。そこで、ワーケーションのように一定期間滞在する教育を考える上で参考になるのが「ミネルヴァ大学」です。ミネルヴァ大学は特定のキャンパスを持たず、教員と学生がさまざまな都市を移動しながら学ぶユニークな方式がとられており、オンラインでの講義と現地でのプロジェクト学習を組み合わせた教育を展開しています。例えば、海面上昇をテーマにしたプロジェクトでは、不動産価格や食糧生産への影響、また洪水対策などについて予測・分析を行った上で地域に滞在し、防波堤の整備状況の検討や、ハザードマップ制作などの活動を通して学習します。

日本でこうした取り組みを取り入れるとすれば、、地域での活動に関心を持つ大学生に対し、都市部の大学生が地域に滞在しながらオンラインで授業をこなすサポートや、地域をフィールドにした研究・活動のためのインタビュー・現地調査の機会を提供することが考えられます。

これらは教育・学習への支援であるだけではなく、将来的にワーケーションで再びその地域に滞在することにまでつながる関係性を築くためのよい投資となるはずです。

2. 地域における「3つのH」を見つける

クリエイティブ都市の「3つのT」と
ワーケーション地域の「3つのH」

地理学者のR. フロリダは、クリエイティブ都市に備わる要素として「3つのT」を提唱しました[注2]。すなわち、優秀な「Talent：人材」による「Technology：技術」の開発・集積が進むと、その生活を支える多様な産業も集まってくる。そしてそうした都市ではマイノリティに対しても「Tolerance：寛容」である、というものです。

これに対して、ワーケーションを展開する地域で備えるべき要素は「3つのH」です。「3つのH」とは、「Henjin：変人」「Hack：ハック」「Hospitality：ホスピタリティ」を指します（図7･6）。

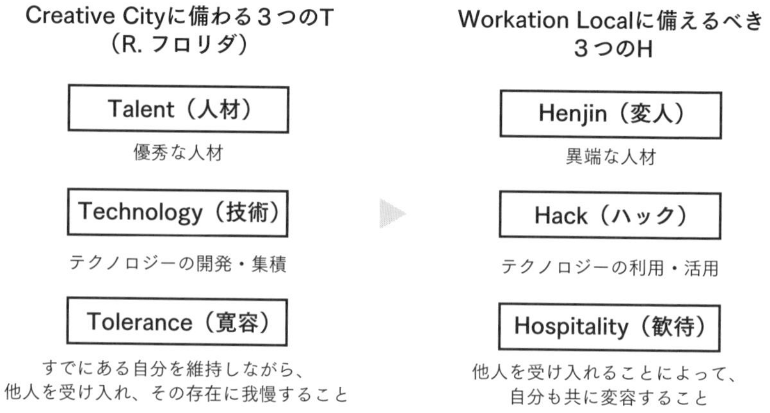

Creative Cityに備わる3つのT（R. フロリダ）		Workation Localに備えるべき3つのH
Talent（人材） 優秀な人材	▶	Henjin（変人） 異端な人材
Technology（技術） テクノロジーの開発・集積	▶	Hack（ハック） テクノロジーの利用・活用
Tolerance（寛容） すでにある自分を維持しながら、他人を受け入れ、その存在に我慢すること	▶	Hospitality（歓待） 他人を受け入れることによって、自分も共に変容すること

図7･6　3つのTと3つのH

異端な地域人材を活かす（Henjin）

先に、「ヒト」も有力なワーケーション資源になることを指摘しました。地域を見回してみると、役場に所属する人、農漁業に従事する人、小商いを営む人、趣味を追求する人などの中に、所属や活動内容にかかわらず、ともすると都市部では異端とされ、受け入れられないかもしれないけれども、興味深い取り組みを行っている「変人」が、数多くいることに気づきます。

津軽海峡を囲む南北海道・青森の女性が中心となって北海道新幹線が開通した2014年に結成した「津軽海峡マグロ女子会（通称：マグ女）」で青森側の取りまとめをしている島康子さんはその好例です。島さんは大間町出身のUターン組で、「あおぞら組」というグループを結成し、2000年から活動をスタートしました。例えば、津軽海峡フェリーで訪れる観光客に向け、ゲリラ的に大漁旗を振って歓迎したり（図7・7)、それまではほとんど都市部に出荷されるだけだった大間のマグロを地元でも食べられるイベントを開催したりするなどの取り組みを続けてきました。2013年には、あおぞら組の収益部門を「Yプロジェクト」という株式会社として立ち上げながら、観光ツアーや駅弁を開発するなど活動を広げました。津軽海峡マグロ女子会は、2017年に観光庁長官表彰、2018年には内閣府「女性のチャレンジ賞」を受賞するなど、高い評価を得ています。そして、こうした「マグ女」の活動に触発され、関門海峡には「ふく女」が、北海道後志（しりべし）には「しり女」が、青森県八戸市には「サバ嬢」などが誕生するなど、他の地域へも影響が広がっています。

このように「変人」はワーケーションで企業が社会課題に取り組んだり、新規ビジネスやイノベーションのきっかけを探したりする上では貴重な存在になります。そのため「変人」を発掘したり、可視化したりすることはワーケーション事業・企画においては欠かせない作業になります。

図 7·7　津軽海峡フェリーへの旗振り

IT 企業の多くが都市に拠点を置いていますが、開発したテクノロジーやサービスを試行し、社会実装する場は都市部には必ずしも多くありません。例えば、ドローンを飛ばすことについてだけでもさまざまな規制が設けられています。

一方、地方には、もちろん一定の制約があるものの、実践・実装できる余地は相対的に大きく、スモールステップでテクノロジーを活用したサービスを試行しやすい環境が整っています。例えば、第 4 章で紹介した伊豆での MaaS の展開がこれにあたります。それ以外にも、山梨県小菅(こすげ)村で、西濃運輸などを傘下に持つセイノーホールディングス株式会社と、ドローンのスタートアップである株式会社エアロネクストが連携して、ドローン配送の実証実験を 2021 年 4 月にスタートさせています[注3]。

MaaS やドローンなどを実際のサービスとして実装するには大都市では

まだ障壁がありますが、地方であれば導入できることも多くあります。このように地方はテクノロジーやサービスの開発だけではなく、それを活用して課題をうまくやってみる（＝「ハックする」）場として有望なのです。これは企業にとって、ビジネス面からワーケーションで地域と関わるきっかけの1つになります。

多様性を「認める」から「活かす」へ（Hospitality）

クリエイティブ都市における「寛容（Tolerance）」は、異質なものを許す一方で、自分は変わらない、という含みを持つものです。

一方、ワーケーションを推進する地域においては、異質な人たちがいる状況を受け入れつつ、自分自身や地域そのものも変わっていく姿勢になることが重要です。第2章のワーケーション2.0でも触れましたが、「歓待（Hospitality）」が意味するように、異質なものを受け入れながら、自分も柔軟に変容していくことは、違いを認めるだけではなく、違いを力に変えていくダイバーシティの尊重に通じるものです。

地域活性化においては、都市部からの「よそ者」にその役回りを期待しつつ、自分たちは変わりたがらないまちや組織、コミュニティは少なくありません。地域を変えたい、変えようと言いながら、自分たちが変わらないで済ませるために「よそ者」を補填しているように見える地域もあります。こうした態度に陥らず、「歓待」の姿勢で企画・事業化しているかがワーケーションの成否を分けるでしょう。

3. 企画・事業化・検証のための「3つのS」を明確にする

ワーケーション企画・事業化・検証のための3つのS

地域にあるさまざまな資源を活かしたワーケーションを企画・事業化したり、評価したりする際にチェックしたいのは、3つのSです。

「3つのS」とは「Stimulate：刺激」「Story：物語」「Sustainable：持続性」を指します（図7･8）。以下でそれぞれについて見ていきましょう。

企業・ワーカー・地域にとっての刺激（Stimulate）があるか

まず、都市部の企業やそこに勤めるワーカーの視点でワーケーションの

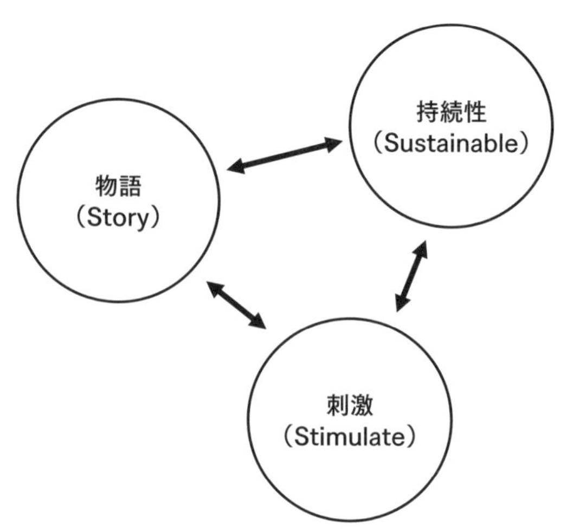

図7･8　ワーケーション企画・事業・評価における3つのS

価値を要約すれば、心身ともにリフレッシュした環境で仕事に取り組めたり、新しいビジネスの種となるものに出会えたりすることにあると言えます。ここで不可欠な「刺激（Stimulate）」には2つのポイントがあります。

1つは、日常と同じ業務に取り組みつつ、生産性を高めるための刺激となる非日常に浸れる周辺環境を準備することです。もう1つは、自分たちのビジネススキルや資源を活かしながら、業務課題とは異なる地域の社会課題などに取り組むことです。

一方、都市部から訪れる企業やワーカーの行動が、従来の観光と変わらない消費活動にとどまることなく、その地域にとって「刺激」となることも重要です。地元の企業や行政と協働した新しいビジネスが生まれたり、ワーカー個人が関係人口となって地域コミュニティの活性化につながったりといったレベルでの「刺激」となることが求められます。

企業・ワーカー側がワーケーションのメリットを探ったり、逆に受け入れ地域側がニーズを取り込んだりするのに役立つサービスもすでに登場しています。例えばビッグローブ株式会社が2021年3月にオープンした「ONSEN WORK」は、ワーケーションを軸に企業と温泉宿をつなぐマッチングサイトです（図7･9）。ウェブサイトには2021年12月の時点でデスクやWi-Fiを備えてワーケーションができる38軒の温泉宿が掲載されています。

例えば事務用品メーカーのプラス株式会社の社員が、小田原の温泉宿「天成園」で実施したワーケーション事例では、温泉の効果で自律神経のバランスやストレスが改善することが示されています。通常の業務を、生産性を落とすことなく遂行でき、しかも健康状態が改善されるのであれば、健康経営の実践や組織へのエンゲージメント向上にもつながります[注4]。もちろん温泉宿にとって、平日の稼働率向上につながる歓迎すべき実例になります。

図7･9　ONSEN WORKのウェブサイト

地域・企業・ワーカーが共感できるストーリー(Story)をつくる

一方、定量的な目的が強調されすぎたワーケーションは、諸刃の剣です。

もし企業が「ワーケーションで生産性を15%上げてくるように」という命令の下で社員にワーケーションを強制しても、社員のモチベーションは上がりません。また自発的にワーケーションを行うワーカーも、生産性向上は目標の1つであるとはいえ、それを数値で掲げることは稀です。

また、地域側が「地元の祭りを維持するために20人のボランティアが必要です」と訴えてPRしても、単に労働力になることを動機として訪れてくれるワーカーは多くはないでしょう。

すなわち、ワーケーションの企画・事業化にあたって、生産性や移住者の数などステークホルダーが目指す効果・効用を数値化したエビデンスは目的を明確化するという意味はありますが、それはあくまで自分たちの内部のものであり、それを対象となる相手に明示化して掲げると成功しません。そこで必要になってくるのは、その地域で企業、ワーカーがワーケーションをする理由となる「ストーリー」です。エビデンスとストーリーが組み合わさってこそ、ワーケーションの魅力となるのです。

例えば単に地域の伝統的な歴史を観光の文脈だけでPRするのではなく、それがワーケーションを実施する企業のビジネスやワーカーの仕事や暮らしとつながっていること、あるいは重ねて考えられるように「ストーリー」で示すことが企画・事業の肝になってきます。

具体的に見てみましょう。山口県萩市には、かつて幕末期に多くの人材を輩出した松下村塾があります。萩市発行の「ワーケーション体験ガイド」は次のような文章でワーケーションをPRしています。

「吉田松陰や高杉晋作など歴史上の偉人を多く輩出してきた山口県萩市。神社や城下町など昔ながらの風景が未だに残る場所で、自分のこれからの人生を見つめ直して働き方を変えるヒントが得られる旅を」

このメッセージは、確かに萩市ならではの観光資源に触れられるワーケーションの魅力を伝えるものにはなっていますが、さらにもう一歩進めて「幕末にここから日本を変えたように、これからの日本を生み出していこう」などのメッセージを加え、この地でビジネスをし、働く経験を重ねられるストーリーにすれば、豊かな自然だけではなく、萩でワーケーションすべき理由についてより説得力を持たせることができます。

企業や製品の価値を支持してくれるファンとの関係性をベースにした施策の展開は、マーケティング用語で「ファン・ベース」と呼ばれます。ファンの支持を強くするためには「共感」「愛着」「信頼」を深めることがポイントとされています。[注5] ワーケーションのストーリーにおいても、観光だけではなく、ワーカーや企業をファンとして意識したストーリーを定めるこ

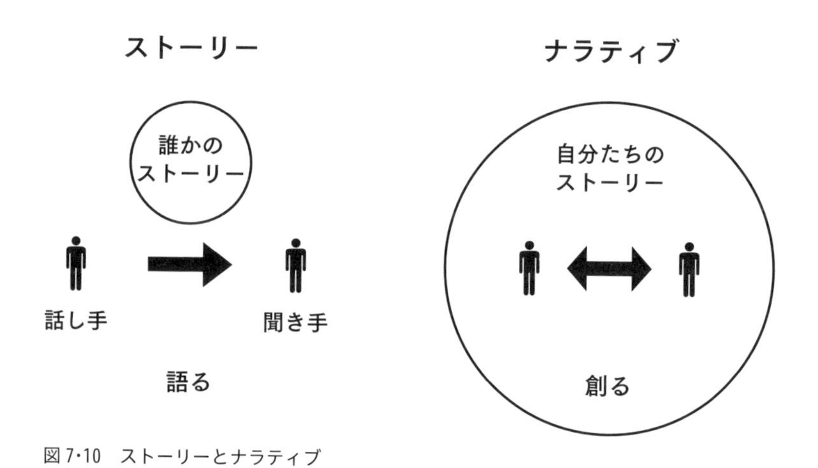

図7･10　ストーリーとナラティブ

とが重要になります。

なお近年では、「ナラティブ」という考え方も注目されています。誰かのストーリーを話し手が聞き手に語るという構造になるストーリーに対し、ナラティブは話し手や聞き手が固定化せず自分たちのストーリーを創るために一緒に取り組む共創構造を指します[注6]（図7･10）。先に触れた地域への「関わりしろ」を見出すことはまさに、つくり込まれた一方的なストーリーを用意することではなく、企業・ワーカーにパートナーとなって、さらにはその他のステークホルダーも巻き込みながら社会課題に取り組んでもらうためのナラティブをつくることに他なりません。まずは地域、企業、ワーカーのストーリーを考えるところからスタートし、それをナラティブに発展させてゆくとよいでしょう。

地域・企業・ワーカーにとって持続可能にする（Sustainable）

2020年7月以降、多くの自治体がワーケーションに取り組むことを宣言し、またワーケーションに関する公的な予算や助成金・補助金も多く設けられました。早急な環境整備のためにはこうした支援が重要となる一方で、これらに依存する構造になってしまうと、予算消化のための単発的な取り組みにとどまったり、支援が滞っただけで事業自体が終了したりすることになりかねません。地域にとって、ワーケーションがビジネスとして「持続性」を確保可能な形で企画・事業化することは重要なポイントです。イベント的な施策を実行する場合でも、中長期を見据えた戦略の中に位置づけられているのか、そもそも戦略を練るための実験的な位置づけなのかには意識を払う必要があります。

また、特に社会課題解決型のワーケーションについては、「やりがい搾取」に陥らない構造を保つために注意が必要です。訪れる人の「善意」や「熱意」で成り立っている取り組みは、それがひとたび「義務」になってしまうとすぐに破綻してしまうことは多くあります。そうならないためにも、あれこれコンテンツを詰め込みすぎる企画・事業ではなく、むしろ何をしないか、何をしなくてよくするのか、に注目して、「余白」を多くつくることが持続可能なワーケーション企画・事業のポイントになります。

「持続性」は、国連が掲げる「持続可能な開発目標（SDGs）」をはじめ、社会のあり方とも関連します。海外に目を向けてみると、欧米のデジタルノマドたちのワーケーションは、どちらかと言えば彼ら彼女ら自身のコミュニティを形成し、ワーケーション先の地域との交流や関わりは薄いものが多いです。しかし近年、環境問題や地域課題などSDGsの機運が高まり、地球や地域、自分を含めた「持続性」に注意を払う人が増え、そうした「持続性」を意識したビジネスや働き方に注目が集まっている中で、デジタルノマドたちも徐々に変化していっています。

そういった意味で、地域との交流や社会課題に取り組む「日本型ワーケーション」は、日本の自然・文化の魅力と相まって、海外のデジタルノマドや、ハイブリッドワークで長期に渡って日本に滞在したいという海外のワーカーには魅力的に映るでしょう。

三方良しのワーケーションをつくるためのチェックシート

ここまでワーケーション企画・事業化し、評価するための「3つのS」を見てきました。ワーケーションを標榜する自治体や施設、プログラムが増え、企業やワーカーがワーケーション先の地域を見る目が養われていく中で、単にワーケーションと打ち出すだけでは、「ホワイトウォッシュ（うわべだけのもの）」として見破られ、逆効果になりかねません。

有効なワーケーション企画・事業にするためには、3つのSをそれぞれステークホルダーに当てはめながら考えることが重要です。そこで3つのSを縦軸に、ワーケーションの主なステークホルダーである地域・企業・ワーカーの3者を横軸にしたチェックシートが図7･11です。どれが自分たちの目的で、何が足りていないのか、またどのようなサポートや働きかけが必要なのか検討するために使うことができます。

このチェックシートは、これからワーケーションを企画・事業化する際のプランニングのためだけではなく、他の地域でのワーケーション企画・事業の分析や、自分たちの地域ですでに行なわれているワーケーション事

	地域	企業	ワーカー
刺激 （Stimulate）			
物語 （Story）			
持続性 （Sutainable）			

図7･11 「3つのS」チェックシート

業が有効かどうかの確認やアップデートにも活用できます。

では具体的な記入方法を説明します。

これから企画・事業化していく場合、まず1行目の「刺激」から記入します。ここには、ワーケーション企画・事業による目的やメリットが入ります。

次に、ワーケーションを行う理由や動機となる要素を2行目の「物語」の欄に記入します。ここでは、先述のように、観光の文脈と「働く」という文脈が重なる要素にすることがポイントです。

最後に3行目の「持続性」には、補助金や予算、制度など、地域・企業・ワーカーがワーケーションに継続的に取り組むために必要と思われる要素を記します。

旧街道に位置する架空の地域A、創業者がその地域出身である企業B、その会社に所属しているDIYに興味があるワーカーCを想定してチェックシートを埋めた例が、図7・12です。

まず地域Aにとっての「刺激」には、ワーケーションを通して域内の空き家活用が進むことを掲げました。そして「物語」には、街道の旅人を

	地域A	企業B	ワーカーC
刺激 (Stimulate)	空き家の活用が進む	地域に社員が働くための拠点が欲しい	DIYに興味がある
物語 (Story)	今まで外の空気を受け入れてきた地域の歴史を活かす	創業者が地域Aの出身	自分の働く場所をDIYでつくる
持続性 (Sutainable)	空き家活用のための予算を継続的に計上する	?	DIYに興味を持つ仲間を集める

図7・12 「3つのS」チェックシート活用例

受け入れてきた伝統的な旅籠（はたご）や茶屋の建物を働く場所としてリノベーションすることを念頭に、"今まで外の空気を受け入れてきた地域の歴史を活かす"というストーリーを掲げてみます。そして、「持続性」には、ワーケーション促進のための一時的な補助金に加え、空き家活用・保存に関わる予算の継続的な計上を期待する要素として挙げます。

企業Bにとっては、テレワークやハイブリッドワークが進む中で、創業者ゆかりの地に働く拠点を構えることが「刺激」や「物語」として想定できますが、「持続性」については不透明であることが浮かんできます。

ワーカーCにとって、自社が空き家を仕事場としてリノベーションすることは自分の趣味と合致する「刺激」であり「物語」にもなることが想定できます。一方で個人では負担が大きいので、地域の技術者やDIYに興味を持つ仲間に集まってもらうことが「持続性」に必要な要素であることが見えてきます。

こうした記入の結果を踏まえ、例えば企業Bがワーケーションとして地域に関わり続けるためにはどうすればよいか、正式な勤務制度として新設したり、社員の研修プログラムという形で実施したりする可能性を検討します。

もちろん、自治体内の企画チームだけでは、企業やワーカーについて分からない部分もあるでしょう。また企業B1、B2…、ワーカーC1、C2…のようにステークホルダーが増えることもあるでしょう。可能な限り、企業やワーカーなど、当事者と一緒にシートを埋めるワークショップのような機会をつくり、それぞれの思惑や懸念を確認しながら、一緒に取り組んでください。そうすることで、地域発のワーケーション企画・事業でしばしば見られる、企業やワーカーにうまく訴求できなかったり、営業が成果を上げなかったりという課題を、前もって軽減できるはずです。

その際にポイントになるのは「Yes, and…」と「人」です。「Yes, and…」は、即興演劇で重要な意識と言われます。ストーリーやセリフが決まっていない即興演劇では、相手や眼の前にある状況を否定するのではなく、まず受け入れてそれをさらに（良くするために）展開することがポイントになります。ワーケーションの企画を考える際にも、前例がないために、どうしても「良いのだけれど…」となりがちです。そうなってしまっては良い企画になりません。良いアイデア、良い実践は「Yea, and…」を重ねた結果なのです。

もう１つのポイントは「ヒト」です。「Yea, and…」の続きを考える際に「じゃあ、地域にこういう人がいるから相談してみよう」や「○○さんと一緒にならできそうだ」といったアクションにつながると、一気に企画・事業化が進みます。繰り返しになりますが、ワーケーション企画・事業にとって「ヒト」は重要な資源となるのです。

チェックシートを繰り返し活用して、ワーケーションの企画・事業化や施策の評価を重ねることで、自分たちの地域のワーケーション事業をアップデートし、他のどの地域にもない独自のものにしていきましょう。

［注］

1. 軽井沢の風越学園は、楽天グループ株式会社の副社長であった本城慎之介さんが理事長を務める幼小中混在校です。既存のカリキュラムや授業のやり方と一線を画した協働学習や探求学習を軸に新しい学校、教育のあり方を探る学校です。大日向小学校（2018年開校）などがコンセプトとして掲げるイエナプランは、人間について・社会について・学校について記された「20の原則」に基づいて個性と自発的に学ぶ姿勢を重視する教育で、学年混合や対話・遊び・仕事・催しのサイクルを特徴とし、主にオランダで展開されています。
2. R. フロリダ著　井口典夫訳（2008）『クリエイティブ資本論』ダイヤモンド社、R. フロリダ著　井口典夫訳（2014）『新クリエイティブ資本論』ダイヤモンド社
3. 山梨県小菅村ではトンネルが開通し交通の便が良くなったことをきっかけに移住者が増えたのに加え、起業・移転などで5社登記（2021年時点）されました。例えばもともと小菅村に工場を持っていたビール醸造を行うFar Yeast Brewing株式会社は2020年に東京から本社を移しています。
4. 健康経営とは社員の健康維持・向上のための支援や環境整備を投資として行うことで生産性や採用競争力、企業価値の向上を目指す経営方法です。また働き方改革も進む中で労務管理上の法令遵守やリスクマネジメントとしても注目されています。
5. 佐藤尚之（2018）『ファンベース』筑摩書房
6. 本田哲也（2021）『ナラティブ・カンパニー』東洋経済新報社

おわりに

本書をほぼ書き終えた2022年の初頭、新型コロナウイルスの感染は再び拡大しています。どうやら本書は、そんな時代もあったという社会の1ページを切り取ったというよりも、むしろそのさなかでの経過観察の報告となりそうです。

そのため、日本国内や海外の状況も含め、ワーケーションが今後どのように展開するのか、まだ想像がつきません。私たちが好きな場所に自由に移動したり旅行したりできるようになるまでには、もう少し待つ必要がありそうです。

一方で、働き方については刻々と変化していると言えそうです。2021年からメルカリ、ヤフー、NTTなど大手IT企業を中心に、社員の居住地制限を撤廃する動きが広まりつつあります。例えばヤフーでは、片道の上限を撤廃し、特急や飛行機も含めて1カ月で最大15万円までの交通費を支給すると発表しました。こうした企業の社員が（全員ではないにせよ）地方に住み、たまに東京に行ってミーティングする、という光景が見られる日は、すぐそこに来ています。

就活や就職を控えた学生たちからはよく「働くのは嫌だ」と聞きます。彼ら彼女らは、根は真面目ですし、能力も高く、意欲もあります。そうした学生たちが、働くことの何を不安に思っているのか。それは、不透明な経済状況もありますが、むしろそれ以上に、満員電車での通勤やハラスメント、出産・育児や介護などとの両立といったさまざまな課題を抱えながら働くことへの不安です。それは言い換えると「働きたいように働けない」ことへの不安です。

これから多様な働き方を探り、実践していく、そしてその選択をポジティブに選べるようになることが、「働きたいように働ける」社会の実現につながると信じています。

多様な働き方の１つでもあるワーケーションは、働くことやキャリアについて、また都市だけ・地方だけで生活することで生じる閉塞感を破るものとして、有効なアプローチです。しかし、現在のワーケーションは、ともすれば過当競争になりつつあり、ワーケーションを企画・実践する上で多くの課題に直面することもあるでしょう。

そこで１つ心に留めておいて欲しいのは「プレイフル」というコンセプトです。プレイフルの提唱者である教育学者の上田信行は、プレイフルを「本気で物事に取り組んでいるときのワクワクドキドキする心の状態」であり「どんな状況であっても、自分とその場にいるヒトやモノやコトを最大限に活かして、新しい価値（意味）を創り出そうとする姿勢」と定義しています[注]。せっかくワーケーションに取り組むのであれば、こうしたプレイフルな心持ちで臨みたいものです。

最後に、雲散霧消ともなりかねなかった筆者の原稿と向き合い、粘り強く並走いただいた学芸出版社の編集者・松本優真さん、そして原稿執筆中に、出産や進学などさまざまな転機を「重ねる」生活に一緒にチャレンジした洋子、環空、新たに加わった奏空、の家族全員に心から感謝いたします。

注：上田信行（2020）『プレイフル・シンキング』宣伝会議

2022 年 3 月吉日

松下慶太

〈著者略歴〉

松下慶太（まつした・けいた）

関西大学社会学部教授。1977年神戸市生まれ。博士（文学）。京都大学文学研究科、フィンランド・タンペレ大学ハイパーメディア研究所研究員、実践女子大学人間社会学部専任講師・准教授、ベルリン工科大学訪問研究員などを経て現職。専門はメディア論、コミュニケーション・デザイン。近年は新しいワークプレイス・ワークスタイルをメディア論、都市論、コミュニケーション・デザインなどの視点から研究している。近著に『ワークスタイル・アフターコロナ』（イースト・プレス、2021）、『モバイルメディア時代の働き方』（勁草書房、2019）。

ワーケーション企画入門
——選ばれる地域になるための受け入れノウハウ

2022年4月1日 第1版第1刷発行

著者　松下慶太

発行者　井口夏実

発行所　株式会社 学芸出版社
京都市下京区木津屋橋通西洞院東入
電話 075-343-0811　〒600-8216
http://www.gakugei-pub.jp/
info@gakugei-pub.jp

編集担当　松本優真

DTP　梁川智子
装丁　北田雄一郎
印刷　イチダ写真製版
製本　山崎紙工

ISBN978-4-7615-2809-6